관내 여행자-되기

관내 여행자 - 되기

3

들어서

백가경 황유지

차례

들어가며 통: 담아냄으로써[桶] 연결되는[通]
　　　　　아픔[痛]들　　　　　　　　　　　9
　　　　　같이 관 걷기　　　　　　　　　 14

1관 인천　순옥이 언니와 곤로　　　　　　21
　　　　　갈 수 없는 곳에 가보기　　　　　33

2관 의정부　언니들의 방　　　　　　　　　51
　　　　　　몸, 역사와 슬픔의 거주지　　　65

3관 삶터　자동 운행 항공기 밖으로　　　　79

		창의적인 훼손	89

4관 안산 참척과 나르시시스트 101
         304명이 만든 교실 109

5관 이태원 보이는 것보다 가까이 있습니다 125
           울면서 춤추기, 울면서 계속 쓰기 138

6관 일터 비(非)사무실의 트랜스페어런트칼라 157
         네 탓이 아니야 172

7관 광주 역사 기행과 성인식 사이에서 187
         그리울 수 없는 것이 그립다 198

8관 서대문 목줄의 혜윰 221
           보였다가 안 보이는 벽돌 벽 227

9관 고향 놀이, 기타, 편지 243
         구멍의 존재론 252

| 10관 등단길 | 정동길의 끝이자 시작, 경향신문사 사옥 | 271 |
| | 아빠가 있다 | 282 |

| 나가며 | 가경에게 연결됨으로써 | 299 |
| | 유지에게 | 302 |

들어가며
통: 담아냄으로써[桶] 연결되는[通] 아픔[痛]들

「둘이서」 시리즈 제안에 곧장 떠오른 단어는 〈관통〉이었다. 나는 어딜 가든 그 아래 축적된 것에 관심이 있다. 내가 자란 곳에서는 발아래를 파면 얼마든지 무엇이 나왔는데, 까닭에 우리 동네에서는 무슨 공사를 하든 중단되기 십상이었다. 건물을 세우려고 땅을 파면 옥구슬이나 장신구가 쏟아지고, 비가 내려 땅이 헐거워지면 도자기 파편이나 화살촉이 나왔다. 팽창하는 도시는 지속적으로 땅을 요구했지만 거기에는 아무것도 세울 수 없었다. 그 일대는 가야 왕족의 무덤이었던 것이다.

쌓아 올리기 전에 확인하고 지켜 내야 할 것들이 있다. 그 전까지 말이 없던 가야의 역사는 제 무덤이 품은 유품을 스스로 토해 냄으로써 기록화되기 시작한 참이다. 그건 평평하고 좁은 역사를 좀 더 훤히 들여다볼 기회로서의 발굴, 그 지평을 넓히고 연장하는 파헤침인 셈이다. 2천 년 전 흔적과의 조우는 층층이 쌓아 올린 레이어드 케이크의 단면처럼 내게 어디를 딛는 텅 빈 발아래는 없으리라는 심상함을 이미지와 함께 새기게끔 했다.

〈도시-관통〉을 두루 주제로 삼자는 데 쉽게 동의해 준 가경과는 어떤 지점을 향한 공통의 관심이 이미 있었던 게다. 서로 그것을 미리 안 것도 아니건만 그는 도시의 건축물에 유달리 관심이 있었다. 그럴 때 그가 바라보는 건축물과 내가 바라보는 건축물의 땅 아래는 분리 불가의 연결성을 가진다. 그렇다, 우리는 많은 〈관〉으로 삶을 지탱한다. 그러한 관은 상자[棺]일 때도 있고 건물[館]일 때도 있으며 수로나 지하도[管]의 형태이기도 하다. 때로 어떤 이들의 영구한 부재는 수도관의 메마름으로 신호를 보내기도 하지 않는가. 그런 〈관〉이 연결의 공간적 감각이라면 〈통(通)〉은 시간적 감각이라고 말할 수 있을까? 단층이 품은 오래전의 이야기들은 발아래 무수히 뻗어 나간 뿌리, 식물성을 닮은 리좀 rhizome의 육체적 감각이랄 수 있겠다.

그렇게, 어떤 땅에 서든 시간은 우리를 통과한다. 생각보다 우리는 훨씬 통시적인 존재인 거다. 달리 말해 산 자의 발아래는 많은 죽음이 〈있다〉. 발아래를 돌보지 않고서야 지금의 땅이 굳건할 리 없어서 근자의 싱크홀은 우리가 무자비하게 파댄 것들이 가라앉음이라는 현상으로 드러내 보이는 경고로서의 유비적 징후이기도 한 것이다. 이 에세이는 그렇게 우리를 통과하고 관통한 것들을 기억하기 위한 일으킴으로 써내려간 이야기다. 우리는 함께 걷고 따로 사유하고 그것을 글로 써서 엮었다. 나는 이 글을 쓰며 삶과 죽음을 일으키고 미움과 배신을 돌이켜 세우고 구멍 난 자리를 다시금 빤히 들여다봤다. 그건 어느 날 뉴런의 형상으로 이미지화되곤 했는데, 시냅스를 만들거나 정리하며 제 나름의 줄기를 만들어 가는 이 세포의 생사 자체가 결국 한 인간의 생과 사라는 구조이기도 할 것이다. 그래서 〈통〉은 때로 고통을 가리킨다. 이때 〈통(痛)〉은 정서적 감각이다. 시간 속에서 스러져 간 많은 이의 이야기에서 우리는 저마다 아프다. 우리는 고통을 주고받으며 피를 흘리며 산다. 종국에 관 하나와 함께 사그라질진데 마음이 지옥이기도 하고 천국이기도 해서 삶은 고통이다.

장뤼크 낭시는 절대 이룩되지 않을 공동체를 주창하면서 〈무위의 공동체〉라 이른다. 그것은 〈우리〉라는 말이 가질 수 있는 양가적 측면을 생각하게 한다. 즉 〈우리〉는 경계를 만들어 누군가를 외부에 떨굴 소외를 만드는 방편이기도 한 것이다. 그는 공동체 없는 공동체, 언제까지나 〈완성되지 않을〉 공동체를 요청한다. 얼마 전 선종한 프란치스코 교황은 평소 자신을 〈가정적인 사람casalingo〉이라고 표현했다고 한다. 교황에게 가정이란 핏줄과 제도로 얽힌 유전과 상속의 공동체를 뜻하지 않는다. 신과 함께하는 이가 있는 어디라도 그에게는 가정이었으리라, 아무리 낮은 곳이라도.

내 눈에는 모두가 제 안에 어린아이를 껴안고 사는 것처럼 보인다. 누군가는 성숙한 어린아이를 품고 있고 또 어떤 이는 너무도 여리고 미숙한 어린아이를 데리고 산다. 어린아이는 아주 천천히 자란다. 이해가 되지 않는 말 앞에서 한참을 골똘히 생각하는가 하면 무엇을 쫓다 길을 잃기도 한다. 그런데 사람의 육체는 그 어린 것을 기다려 주지 않고 생체 시계에 맞추어 쑥 자라 버린다. 제 안에 만들어진 그 간극이 통증을 만드는 게 아닐까. 사람은 대체로 허약하고 자주 겁쟁이다. 그래서 나는 모든 이가 가엽다.

그런 성장통이 개인적인 것이라면 공동체 차원에 좀 더 닿은 감각을 연결통이라 말해도 되려나? 요즘엔 누구든 쉽게 사과하지 않는다. 사과는 잘못을 인정하는 꼴이라 사과하지 않는 것은 누군가에게는 책임을 피하려는 행정과 공무의 노련함이면서 또 어떤 이들에겐 자존감의 증명이기도 한 모양이다. 손해 보고 싶지 않다는 생각, 나만이 죄다 뒤집어쓸 거라는 두려움이 사과하지 않게 하는 걸 테다. 그러나 사과해도 괜찮다. 미안하다고 해야 괜찮다는 말도 돌아온다. 괜찮아질 수 있는 마음이 든다. 사과가 필요할 때가 있다. 각자 고통을 짊어지고 가야 할 테니, 부디 홀로 지고 걸어가는 길만 아니면 되지 않겠나. 사과 한마디면 생각보다 많은 것이 풀어진다. 그래서 통의 다른 이름은 기억이다.

나는 누구를 지목하여 원망하고 책임을 지우고 그러면서 나를 이해받기 위해 이 글을 쓰지 않았다. 어떤 고백들이 누군가에게 상처를 주거나 나에 대한 프레임이 되는 것을 원하지도 않는다. 나의 어떤 이야기는 〈너도 괜찮지〉라는 안부의 문장이다. 그러기 위해 먼저 꺼내는 고백이다. 우리가 서로 아프니, 그걸로 연결될 수 있다고 여긴다. 누군가는 거기서, 여태, 울고 있을까 봐.

함께 그곳으로 걸어 들어가며, 오늘 나는 안부를 묻는다. 너, 괜찮아?

같이 관 걷기

〈관〉을 가지고 두 편의 시를 쓴 적 있다. 한 편은 시체를 담는 관에 대한 내용이며, 다른 한 편은 박물관, 미술관 등 공공을 위한 시설물, 하부 구조 따위를 배경으로 쓴 것이었다. 두 가지가 각각 정확히 하나의 뜻만 지시하는 것은 아니며 적극적으로 서로 이염되기를 바랐다. 관이라는 글자에 매혹된 특별한 계기가 있던 건 아니다. 오래전부터 으스스하고 기이한 것에 끌렸던 내가 죽은 사람을 안치하는 공간에 매력을 느끼지 않을 순 없었다. 그러니 지하철 안내 방송에서 〈관내〉라는 단어를 들을 때마다 재미있는 상상을 이어 갔던 것이다. 한편, 시간을 죽이기 위해 두루 다녔던 도서관, 미술관, 영화관, 박물관은 가장 좋아하는 장소였다.

서울에서 태어났지만 점점 서울로부터 멀어지며 지냈다. 성인이 됐을 때 우리 집은 경기도에 다다랐고 집안에 문제가 생기면 연필과 노트, 지갑을 챙겨서 서울로 향하는 빨간 버스에 몸을 실었다. 다른 버스보다 요금이 비싸고 난방과 냉방을 잘 틀어 주는 안락한 버스, 한 시간 정도 창밖을 보고 있으면 종로의 복잡한 거리에 도착한다. 과거와 현재, 부와 가난, 젊음과 늙음, 고택과 초고층 빌딩 모든 것이 뒤죽박죽 엉킨 종로 길바닥에서 나는 왠지 모를 자유를 느꼈다. 내 것 하나 없는 곳이었기에 그랬을까? 청계천과 낙원상가 일대 골목을 유령처럼 거닐며 이곳에서 영화를, 저곳에서 전시를, 때때로 사람들을 구경하며 시간을 죽였고 그때 비로소 살아 있는 기분을 느꼈다.

나는 자주 말로를 상상한다. 여러 상상 중 하나는 부랑자가 되는 버전이다. 그때에 나는 집이 없고 늙었으며 자녀가 없는 빈곤한 상황이다. 그런 악조건 속에서도 행복한 회로를 굴려 본다. 이를테면 영화 속에서나 가능할 법한 이야기일지도 모르지만 백치처럼 정부로부터 최소 생계유지비를 받고, 그것을 미술관과 영화관과 박물관 입장료로 사용하며 지내는 생활이다. 오히려 내가 꿈꿔 온 삶이 아닌가? 아이러니다. 행복한 부랑자인 나는 미술관의 아주 좁은 틈, 아무도 모르는 공간을 찾아서 그곳에서 몇 날 며칠 자고, 미술관 문을 열리자마자 어제 봤던 전시를 다시 한번 곱씹으며 본다. 그냥 그 앞에서 한참을 앉아 있기도 한다. 더위를 피하고 추위를 피하고 가끔 무료 급식소에 가서 끼니를 때운다. 얼핏 스티븐 스필버그의 영화 「터미널」이 떠오르는 것 같다. 다소 비인간적 규모의 건축물 안에서 인간적 균열을 만드는 삶. 그런 식으로 여기저기를 전전하는, 아니 유랑하는, 오로지 〈아름다움을 보는 욕망〉만으로 꽉 찬 유령 같은 부랑자. 그에게 시대를 관통하며 아름다운 걸작들이 걸린 〈관〉은 매우 중요한 장소일 수밖에 없다.

  나는 며칠 전 걷는 유령을 보았다. 〈작은물〉이라는 공간에서였다. 작은물은 을지로3가의 허름한 건축물 안에 끝도 없이 펼쳐진 계단을 오르면 닿는 곳이다. 희고 얇은, 하늘하늘한 천을 뒤집어쓴 세 명의 연극인이 「유령-씨앗」(창작집단 파라란)이라는 제를 올렸다. 연극이 아니라 제인 이유는 그들의 표현대로라면 우리 주위에서 유령이 된 사람, 동물, 지역을 기리는 자리였기 때문이다. 그들은 좁은 무대 가운데를 걷고 말하고 다시 걷고 말하는 식으로 극을 이어 갔다. 그들의 이름은 마리, 명, 구다. 살처분당한 동물 몇 마리, 참사 현장에서 숨을 거둔 희생자 몇 명, 바다에서 되돌아온 시체 몇 구에서 따온 이름이다. 그들의 이름은 유령이 된 모두를 대표하는 듯했고 그들의 대사 하나하나가 극진한 위로로 들렸다. 그들이 사랑했던 존재, 그들을 사랑했던 존재, 모두를 위한 위로였다. 나는 유령들의 걸음을 떠올리고 그 걸음은 또 다른 영화로 데려간다. 김동령, 박경태 감독의 영화 「거미의 땅」이다. 그곳에선 유령에 대한 인상적인 표현이 나온다. 〈그들은 살아생전 큰 고통을 당해서 죽은 뒤에 그들의 고통은 운동 에너지로 바뀌고 미립자가 되어 그 공간을 떠도는〉 존재라고 표현된다. 유령 주변에 사는 사람들은 미립자의 영향을 받아 우울감을 겪는데, 이를 막기 위해 낭만이라는 벽을 쌓아 올린다. 하지만 어떤 이들은 유령을 환대할 준비를 한다. 고통의 미립자에 쓰인 이야기를 기꺼이 읽고, 함께 무너지며 서로의 세포벽을 지워 가는 사람들이다.

미립자가 즐비한 이곳은 결국 내가 사는 곳이기도 하다. 누군가 아무리 단단하고 두꺼운 벽으로 고통의 미립자를 막는다고 해도 벽은 언젠가 허물어질 테고, 그 뒤로 켜켜이 얽힌 이야기의 수관은 감당할 수 없을 만큼 자라났을 테다. 우리는 외면하지 않고 마리, 명, 구의 얼굴을 마주하며 길게 이어진 관을 걸을 것이다. 인간이 인간을 위해 세운 관 건축, 지하 아래로 흐르는 지하철도 관, 수도관, 가스관, 마지막으로는 이미 세상을 떠난 이를 위한 관들이 있는 곳까지 걸으며 공기 속에 흩어진 고통의 미립자를 들이마시고 내쉬며 살아간다. 우리와 함께 이 미립자를 퍼뜨릴 누군가를 기다리며.

1관
인천

순옥이 언니와 곤로

수도권 권역이면서 바다를 품고 있는 곳, 그 바다로 밀고 들어온 외국의 배들이 도시의 정체성을 빚어 올린 곳, 근대 초기의 흔적들이 여행객의 인증 사진을 부르는 곳, 한반도를 둘러싼 대국의 욕망과 돈을 벌지 않으면 안 되는 소년만 아니라 숱한 소녀가 미처 영글지도 않은 젊음을 〈불태웠던〉 곳. 우리의 첫 도시는 그곳, 인천이었다. 우리는 인천역에서 만나 걷기 시작했다.

인도를 향해 발코니를 낸 중국식 건물에는 「중국인 거리」의 매기 언니가 하늘거리는 슬립 차림으로 서 있는 듯했고, 제물포구락부에는 멀끔한 백인 군인들과 한껏 치장한 여성들이 조선의 현실과는 상관없이 파티를 즐기고 있는 장면이 눈앞에 있는 듯했다. 무수히 재현된 이미지들, 그중 어떤 것이 가장 진실에 근접할지는 오직 침묵하는 건물들만이 알 것이었다. 자유공원에 오르자 타국의 장군이 떡하니 버티어서는 인천의 바다 길목을 가장 먼저 내려다보고 있다. 북적이는 틈을 피하려고 평일을 택한 덕에 인적이 드물었고, 우리는 곁을 쉬 허락하는 고양이와 한참을 놀기도 했다. 발길을 돌릴 때는 고양이만 남겨 두고 오기가 마음에 걸려 주저했는데, 조금 가다 뒤돌아보니 그새 다른 방문자에게 배를 보이고 있었다. 오히려 잘 되었다 싶었다. 그래, 나의 마음으로 너를 읽지 않아야지.

근대화 거리에는 이런저런 공식적인 박물관 외에도 개인이 운영하는 작은 박물관들도 제법 눈에 띄었다. 내가 마지막에 본 것은 오히려 가장 초입에 있어서 지나쳤던 성냥 박물관이었는데(아쉽게도 문이 닫혀 있어 방문하지 못했다. 인천에는 〈배다리성냥마을박물관〉이 따로 있다), 이제는 기념품이 된 성냥에 대해서라면 내겐 두 가지의 기억이 있다.

대학교 1학년, 그때 이미 대학에 있으면 이상할 만한 한참이나 고학번의 선배들이 지박령처럼 동아리방이나 자취촌 어디에 붙어 있곤 했는데, 그들의 사정을 일일이 알 수는 없지만 짐작해 보면 딱히 갈 데도, 가고 싶은 곳도 없어서가 아닐까. 문학은 그렇게 모호하기도 해서 사 년간의 공부도 딱히 구체적이지 않았고 — 구체적인 학습이 있다고 한들 그들은 주로 잔디밭이나 술집에서 죽치는 쪽이었을 거다 — 졸업 후 갑작스레 마주하게 되는 사회 감각이란 온통 낯설고 성긴 것이기 마련인 데다 〈IMF 사태〉가 까발려 놓은 사회 구조 내에 문학성은 이력서의 한 줄 이상이 될 수 없었으리라. 그런 선배들은 그것도 개인기랍시고 담배 연기로 도넛을 만들어 보여 주곤 했는데, 나는 그 시간이 참 곤란하고 지루했다. 대체 그 무용한 짓을 왜 지켜보라는 건지 한심할 따름이었다. 패배한 운동권의 잔해들, 당시 나는 그들을 그런 프레임으로 바라보았고 그건 지금 생각해도 별반 다르지 않다. 술을 마시면 한참 전에 달라진 세계를 향한 뒤늦은 분노를 애꿎은 후배들에게 주사로 늘어놓던 내 눈에 너무도 〈이상한〉 사람들.

〈그들〉이란 한때의 운동권 혹은 남성 전체를 가리키는 것이 아니라 그때 내가 본 몇을 말하는 것인데, 그들에게 공통점이 하나 있었으니 바로 여학생을 너무도 사랑한다는 것. 예쁜 후배를 보고 그냥 지나칠 수 없는 그들은 기세로 연애를 할 수 있다고 믿는 게 틀림없어 보였다. 몰아붙이고 잡아채고 그게 안 먹히면 우기고 졸라서라도 얻을 수 있는 게 애정(그들의 말로는 사랑이겠다)이라고 믿는 치들 말이다. 지금 생각해 보면 지금과는 또 다른 형태로 무시무시하고 무지하기 짝이 없는 젠더 의식은 누구도 별문제 삼지 않는 것이었다(미투 운동 이전만 해도 우리 사회가 어땠는지 생각해 보라). 그런 사람들에게서 나는 이상한 노래를 들었는데 가사는 이렇다.

인천의 성냥 공장, 성냥 공장 아가씨. 하루에 한 갑씩 일 년이면 삼백육십 갑. 치마 속에 성냥을 품고서 정문을 나설 때 치맛속에 성냥이 붙어서 빰빠라빰빠 되었네.*

이 노래를 처음 들었을 때의 충격을 잊지 못한다. 여태 이 노래를 기억하는 것도 그 충격 때문이리라. 상스러운 표현과 리듬에 듣는 이가 괜스레 부끄러워지는 노래다. 게다가 뭔가를 상상하게 하는 의성어로 대체된 부분은 기이한 리

---

* 가사를 찾아보니 이것은 정확한 것은 아니다. 속요인 만큼 가사의 일부는 다르게도 전해지는 듯하다. 이 노래는 심지어 설탕 공장이나 건빵 공장식으로 지역에 맞게 조금씩 〈다른 아가씨〉로 변용되기도 했다고 한다. 어떻게 변용하든 노래는 〈아가씨〉를 대상화한다.

듬과 함께 거기가 이 노래의 절정임을 짐작하게 한다. 글에 옮기기 위해 정보를 검색해 보니 이 노래는 일본 군가 「라바울 속요(ラバウル小唄)」에 가사를 바꾼 것이라고 한다. 그리고 자체 묵음 처리된 가사는 매우 끔찍한 것이다.

인천에는 그렇게 성냥 공장이 있었고, 거기의 노동자는 대부분 여성이었다. 당시 성냥 머리에는 백린이란 물질을 입혔는데 이것은 조금만 스쳐도 불을 일게 할 만큼 효력이 강한 것이라고 한다. 또한 백린은 소녀들의 호흡기를 서서히 죽이는 것이었는데, 이 물질에 중독되면 턱뼈가 녹아내리며 괴사에 이를 수 있을 만큼 치명적이다. 백린은 실제로 60도만 되어도 불이 붙는데, 신발 밑창에 대고 긋기만 해도 착화한다. 그러니 주머니나 치마 속에서 스치며 불이 붙는 것도 전혀 과장은 아닌 게다. 이런 백린을 무기화한 백린탄은 독성을 가진 인이 연소하며 주변의 산소를 소진하고 그 과정에 호흡 곤란이 발생하는 원리로 신체에 닿으면 그 불을 끌 방법이 없어 〈악마의 무기〉로 불리며 그 잔혹성 때문에 전시에서도 사용을 금하고 있는데, 러시아는 최근 우크라이나와의 전쟁에 백린탄을 사용했다.

안데르센의 동화 『성냥팔이 소녀』에서 성냥을 그어 불을 쬐던 소녀가 죽어 가며 따뜻한 벽난로의 정경과 더불어 엄마의 환각을 보는 것이 백린 중독 증상이라는 해석을 본 적이 있다. 그러니 저 가사의 음탕함에는 사실 그전에 더 음험하게 아가씨의 치마 속을 활활 태울 죽음의 불꽃이 도사린 셈이다. 그런데도 저 군인들의 욕망은 그렇게 불태워지는 아가씨의 음부를 상상하고 희롱함으로써 남성성의 기립으로 치환한다. 이 노래는 한때 예비군 훈련장에서 유행했다는데, 그럴 때 욕망의 왜곡과 변형이 군 복무라는 제약적인 상황 때문이라는 변명은 성립하지도 못하는 셈이다. 누군가의 누이이고 딸일, 때때로 가장이었을 저 아가씨의 치마 속이 불타는 상상력이 부끄러운 것은 내 오빠이고 선배이고 삼촌일지 모를 이들의 무감한 시선과 더불어 여공들의 노고는 성냥 사업과 함께 영영 지워지는 한편 저런 노래가 한 시절의 유행가로 더 오래 남는다는 기묘한 사실 때문일 것이다.

또 한 통의 성냥은 둘째 고모네 부엌에 놓여 있다. 아버지의 여러 형제 중 둘째 고모만 유독 가난했다. 고모네 집은 문을 열고 들어서면 곧장 주방이었다. 엄밀히는 주방이라기보다 출입문과 방 사이를 들고 나는 현관에 가까웠는데, 그 집에서는 거기에 신을 벗어 두고 방으로 드나드는 한편 밥도 짓고 라면도 끓이는 것이다. 그리고 밥이나 라면을 조리하는 것은 대체로 순옥이 언니의 일이었는데, 고모의 막내딸 순옥이 언니는 거기서 오빠들의 라면도 끓여 내고 고모부의 콩나물국도 끓여 내었다. 고모는 늘 일을 했는데, 자주 내 아버지로부터 일을 얻었다. 그러니까 둘째 고모는 제법 나이 터울이 있는 남동생에게 일을 얻고 일당을 받아 생활을 꾸렸던 것. 그러느라 고모가 부재한 자리를 순옥이 언니는 제 나름대로 도우며 메워 가고 있었다. 순옥이 언니는 성냥개비를 성냥갑에 그어 불을 붙일 줄 알았고, 능숙하게 그 불을 곤로라고 부르는 석유풍로에 옮겨 붙일 줄 알았다. 성냥을 긋는다는 것, 어린 내 눈에는 그 일이 위험천만한 일로 보였고, 그런 일을 아무렇지 않게 해내는 겨우 초등학교 5, 6학년이나 되었을까 싶은 순옥이 언니가 꽤 어른처럼 보였다. 고모를 닮아 선명한 이목구비를 가졌지만 고모와 달리 잘 웃는 일이 없던 언니를 기억한다.

  고백하자면 나는 언니를 다소 연민의 마음으로 바라보았던 것 같다. 아마도 어른들의 말을 귀동냥한 탓이 크겠지만, 어린 내 눈에도 고모네 집은 형편없는 가옥 구조로 한길가나 다름없는 곳에 하늘에서 뚝 떨어진 것처럼 느닷없이 서 있었고 곤로라는 물건 역시 그 가난의 증거물처럼 보였다.

어째서 고모네 집에는 가스레인지가 없는가 이 말이다(지금 생각해 보면 느닷없는 그 집의 위치가 이유인 듯도 하다. 가스관이 설치되지 않은, 그럴 수 없는 집일지도 모른다). 게다가 그 집에는 곤로보다 더 위험해 보이는 고모부가 살았다. 그는 자주 술을 마시고 우리 집에 건너와 자신의 장인 장모인 나의 조부모님께 신세 한탄을 하기 일쑤였다. 술 마시는 어른을 본 적 없는 것은 아니다. 그러나 내 아버지는 주사도 화를 내는 일도 없는 사람이었고, 할아버지 역시 얌전하고 단정한 분이어서 자주 잔뜩 술에 취해 대상도 없는 무언가에 대해 화가 나 있는 고모부의 방문은 늘 소름 끼치는 것이었다. 그가 하소연의 끝에 돌연 화를 낼까 봐 얼마나 가슴 졸였는지. 그런 그를 보며 고모가 부지런히 일할 수밖에 없다는 것을, 때문인지 고모가 자주 아프다는 것을, 그 집의 언니와 오빠 들이 하나같이 빼어나게 곧은 외모를 가졌지만 잘 웃지 않는 채로 사춘기를 지나고 있다는 것을 어른들 곁에서 나 역시 지켜보고 있었다.

 순옥이 언니와 또래라면 역시 그리 멀지 않은 곳에 사는 큰고모네, 셋째 고모네, 막내 고모네 언니들이 있었다. 지역 유지였던 큰고모네 집에는 마당 한쪽에 황금 잉어가 여러 마리 노는 연못도 있고 다른 쪽에는 날개를 활짝 펴 보이곤

하는 공작도 있어 꽤 노는 재미가 쏠쏠했을 텐데도 순옥이 언니는 꼭 우리 집에 와서 놀았다. 나는 말 한마디 안 하는 심심한 아이였는데도 언니는 늘 우리 집으로 건너왔다. 지금 생각해 보면 오히려 언니와 또래가 아니라는 점, 우리 집 아이들이 말이 없고 얌전하다는 것이 언니에겐 오히려 편했을지도 모르겠다. 게다가 우리 집은 언니에겐 엄연히 외갓집이었으니까 다른 사촌의 집보다는 방문의 명분이 확실한 셈이었겠다 싶다.

우리 집엔 방향이 다른 쪽으로 대문이 두 개 있었는데, 후문 쪽을 줄곧 따라 내려가면 순옥이 언니네 집이 나왔다. 순옥이 언니는 그 길을 표표히 걸어와 마당에 들어서곤 했다. 내겐 밖에서 노는 것이 허락되지 않았기 때문에, 늘 남동생과 오도카니 거실에 앉아 있곤 했는데, 여간해서는 눈이 드물던 그 고장에 눈이 내리던 어느 겨울날, 마당에 눈이 뽀얗게 떡가루처럼 내려앉았던 날을 기억한다. 그날도 언니는 그 문을 열고 마당에 들어섰다. 가장자리를 밟고 오는 순옥이 언니의 발걸음이 왜 그리 조심스러운지 나는 안다. 눈을 밟기가 아까운 것이다. 순백의 눈밭. 그건 그 고장의 모든 아이에게 몹시 귀한 것이기도 했지만 더 중요한 건 아직 아무도 밟지 않았다는 것. 그런데 언니가 그 눈을 자기가 가장 먼저 밟겠다는 것이다! 그건 꽤 도발적인 제안이면서도 일종의 허락을 구하는 형식임을 모르지 않는다. 내가 고개를 끄덕이자 언니는 곧장 기쁘게 마당을 가로질러 걸으며 눈 위에 발자국을 총총 찍어 댔다. 더는 하얗지만은 않은 마당을 내려다보며 나는 조금 속이 상했던 것도 같다.

내게 유독 살갑던 둘째 고모는 일찍 돌아가셨다. 고모에게는 삶이 왜 그토록 버거운 것이어야만 했나. 봄이면 나를 데리고 쑥을 뜯으러 다니던 고모, 엄마가 갑상샘 수술로 오래 병원에 있을 때도 늘 내 손을 붙들고 다니며 돌봐 주던 고모를 나는 너무 일찍 잃어버렸다. 그러니까 순옥이 언니는 너무도 일찍 엄마를 놓쳐 버렸다. 고모의 영원한 부재 앞에서 더 자주 성냥을 그어 곤로에 불을 놓고 쪼그려 앉은 채로 불꽃이 화르르 둥근 선을 그리며 내려앉는 것을 기다렸다가 제 아비의 해장국을 끓였을 언니. 언니는 일찍감치 결혼해 가정을 꾸리고 아이도 낳았다고 했다. 그런 가정이 언니에게 필요했으리라. 그러나 순옥이 언니 역시 너무도 일찍 고모가 있는 곳으로 가버렸다.

순백의 눈이 쌓인 마당이 제 마당이길 바랐을 언니, 통보나 다름없는 문장으로 말하면서도 내가 허락하지 않으면 먼저 밟을 수 없다는 것을 아는 아이의 당돌함이 만들어 낸

역설적인 당당함, 어린 언니를 영리하게 만들어 버린 가난, 그런 가난의 원흉으로 보이는 사람을 아버지로 가졌다는 것, 그런 데서 잉여처럼 떨구어지는 가여움이 나로 하여금 언니가 그 눈을 밟고 헤집도록 두게 했을 테다. 그렇기에 다시 그날로 돌아간다 해도 언니가 그 눈을 먼저 밟게 할 것임을 나는 안다.

이제 와 기도하는 것은, 언니가 이제 제 아비의 술주정에 오돌오돌 떨지도 어미의 병색 앞에 마음을 졸이지도 않고, 눈을 쌓아 두고 밟을 마당이 없어 외갓집 마당에 허락을 구해야 할 필요도 쪼그려 앉아 곤로에 성냥불을 댕겨 넣는 수고도 없이, 그날 신나게 눈을 밟고 마당을 뛰던 어린아이의 마음으로만 지냈으면 하는 것이다.

> 우리 살던 옛집 지붕에는
> 우리가 울면서 이름 붙여준 울음 우는
> 별로 가득하고
> 땅에 묻어주고 싶었던 하늘
> 우리 살던 옛집 지붕 근처까지
> 올라온 나무들은 바람이 불면
> 무거워진 나뭇잎을 흔들며 기뻐하고

우리들이 보는 앞에서 그해의 나이테를
아주 둥글게 그렸었다
우리 살던 옛집 지붕 위를 흘러
지나가는 별의 강줄기는
오늘밤이 지나면 어디로 이어지는지*

저 성냥에는 우리 이전의 소녀들이 자신보다 훨씬 크고 무거운 짐을 져야 했던 시간의 흔적이 백린 가루처럼 아프게 묻어 있다. 어쩌면 인천이 내게 환기한 것은 자주 프레임 밖에 놓여야 했던 이들에 대한 기억이 아닐까. 수많은 소녀, 그리고 순옥이 언니가 무거움을 내려놓고 저마다 평안하길. 다만 그러하기를 바란다.

* 이문재, 「우리 살던 옛집 지붕」, 『내 젖은 구두 벗어 해에게 보여줄 때』 (파주: 문학동네, 2021), 18면.

갈 수 없는 곳에 가보기

갈 수 없음 — 동일방직
똥물을 뒤집어쓰면 어떤 기분일까? 천재지변으로 똥물이 내릴 일은 없으니 날씨 탓을 할 수 없을 것이다. 심지어 똥물을 부은 자가 고의가 아니더라도 굉장한 수치심을 느낄 것이다. 게다가 각종 세균으로 산성인 똥이 피부에 닿으면 금세 붉어지고 가려워질 것이다. 심하면 물집이 잡힐 수도 있다. 상상만 해도 고역이다. 한데 이런 일을 2백여 명의 여성이 한날한시에 기업과 공권력으로부터 당했다. 경찰은 그 상황을 보고만 있었다.

    나는 인천에 가기 전부터 동일방직 사건에 깊이 마음이 쓰였다. 심지어 유지와 함께 인천에 가려고 동일방직 공장을 찾았을 땐 이미 건물은 허물어지고 터만 남은 상태였다. 기어코 알고 싶은 장소는 대체로 허물어져 있다. 그리고 부끄럽게도 너무 늦게 알게 된다. 최소한의 노동 인권을 위해 항쟁하던 여성 노동자들이 대거 똥물을 맞고 쓰러졌다. 그들은 1972년 한국 최초로 노동조합의 여성 지부장이 탄생한 동일방직에서 노동자 권익을 위해 그 누구보다 치열하게 투쟁한 자들이다.

 2월 21일 05시 30분, 출근하는 조합원들이 회사의 정문에 들어서자마자 노동조합 사무실 안에서는 때려 부수는 소리와 함께 여자 조합원들의 비명 소리가 고요의 새벽하늘을 뒤흔들었다. 40여 개의 투표함은 몽둥이로 모조리 때려 부서졌고 노동조합 사무실의 모든 기물은 전부 파괴되었으며 회사 측 조정을 받은 5~6명의 남자들은 미리 준비한 방화수 통에 똥을 담아 가지고 와서 고무장갑을 낀 손으로 선거하러 들어오는 여자 조합원들에게 닥치는 대로 얼굴에 문대고 똥을 처발랐다. (중략) 그리고 금남의 지역인 여자 기숙사까지 쫓아가 그 짓들을 하고도 직성이 안 풀렸던지 똥을 담았던 방화수 통을 오 모양의 머리에 뒤집어씌운 것을 보고 〈경찰 아저씨 도와주

세요〉 하니 구경만 하고 있던 경찰은 〈야, 이 ××아, 입 닥쳐. 이따가 마를 거야〉 하며 오히려 욕설만 퍼붓고 있었다는 사실이다.*

회사와 정부 조직, 회사 측 조정을 받은 남성 노동자, 경찰은 여성 노동자들의 합당한 요구에 폭력과 폭언으로 이를 무마하려 했다. 여성 노동자들이 마땅히 요구했던 것 중에는 식사 3교대 근무 중 30분 정도의 식사 시간을 달라는 것, 기숙사에 온수가 나오게 해달라는 것 등 지금으로 치자면 아주 기본적인 노동 조건이다. 그중에서도 여전히 선진적이라 느끼는 것이 있었으니, 생리 휴가다. 나는 10년 넘게 직장에 다니면서 생리 휴가를 써본 적이 없다. 부끄럽게도. 생리 휴가를 공지하지 않고 자유롭게 사용하는 분위기를 만들지 않은 사측의 문제인데 내가 부끄러울 일인가 싶다. 그런데도 나는 권리를 적절히 요구하고 때로 강력하게 쟁취했어야 한다고 반성한다. 소위 〈지옥철〉에서 출퇴근하는 것만으로 하루 대부분의 에너지가 소진됐다는 게 변명이 될 수 있을까. 지금도 여전히 자유롭게 쓸 수 없는 생리 휴가에 대해, 이제는 갈 수 없는 동일방직 공장을, 그곳에서

*「인천 동일방직 노동조합 폭동과 똥물 사건 경위」중에서 인용.

일하기 위해 자신의 권리를 용감하게 외쳤던 여성 노동자들에 대해 떠올린다.

당시 여성들은 어린 나이에 집안의 생활비를 보태려고 공장으로 일하러 갔다. 그들의 증언을 이곳저곳에서 읽다 보면, 집안의 여자는 당연히 그러한 존재라는 걸 내면화할 수밖에 없었다는 말이 가장 저릿하다. 그런 마음으로부터 가깝게는 나의 엄마와 이모, 할머니가, 멀게는 지금도 여전히 그런 책임을 짊어지고 있을 어떤 소녀가 걸어 나온다. 그들은 내 앞에 서서 가족들이 힘드니까 나라도 벌어야 해서, 가라니까 가야지, 못 배웠으니 내가 할 것은 그런 일뿐이지,* 하며 새된 숨을 몰아쉰다. 노동의 현장으로 뛰어든 소녀들은 너무 빨리 어른이 됐다. 부모와 친구, 이웃으로부터 천천히 배워야 했을 세상사를 햇빛도 들지 않고 잠도 제대로 잘 수 없는 소음 속에서 홀로 터득했기 때문이다.

* 〈시골은 생활이 다 그만그만하니까 여자들은 국민학교 졸업하면 무조건 객지에 나가서 돈 버는 걸로 생각했어요. 그래 우리는 딸 셋이 동일방직 출신이야. (중략) 그런데 여동생부터 중학교 다니고 나와서 대농방직을 다녀요. 여동생이 거기에서 야간 고등학교를 졸업하고. 남동생들은 이제 딸들이 쭉 나가서 버니까 그때부터 공부를 시켜 전문대, 고등학교를 나와요.〉 유경순, 「[구술사] 동일방직 여성 노동자 김순희의 20여 년 노동 경험과 삶 ① - 농민의 딸, 방직 공장 여성 노동자가 되다」, 『내일을 여는 역사』 제20호 (2005): 202~216.

동일방직 여성 노동자들은 1분에 140보씩, 매일 14시간 이상 고되게 일하면서도 인천도시산업선교회에서 소모임을 만들어 틈틈이 공부했다. 노동법, 시사 문제, 한문 등을 배우며 무작정 오래, 많이 일하는 게 노동이 아님을 절절히 배웠다. 노동법에 대해 접근할 방법이 많아진 요즘과 달리 그때는 더욱 그것을 공부하고 현실에 적용하는 데 지난했으리라 생각한다. 2023년, 나의 주변에서도 일이 바빠서 휴가를 쓰지 못하거나 야근과 철야 근무에도 그에 적절한 초과 수당이나 대체 휴가를 내주지 않는 일이 빈번하다. 여전히 고약한 노동의 굴레 안에 있는 사람으로서 노동법과 현실의 간극을 마주할 때 무력해진다. 어차피 노동법을 배워서 회사에 요구해도 콧방귀도 뀌지 않으리라는 걸, 나만 유난한 사람으로 낙인찍히기만 할 거라는 걸 숨 쉬듯 쉽게 연상하기 때문이다. 하지만 동일방직 여성 노동자들은 그렇지 않았다. 오히려 틈을 부수기 위해 달걀을 들고 바위를 쳤다. 산산이 부서진 껍질, 허공으로부터 비릿하고 끈질기게 흐르는 액체가 느껴진다. 축축하게 흐르는 그 액체는 시대를 거슬러 살아 있다는 감각을 머리끝에서 발끝까지 쏟아붓는다.

갈 수 없음 — 낙타사막

근대 철도역이 그대로 보존된 허름한 인천역에서 유지와 만났다. 나는 출구를 잘못 찾아서 조금은 돌아왔다는 말을 뇌까리며 카메라를 목에 걸었다. 우리가 가기로 했던 목적지를 스마트폰 지도 앱을 켜서 검색하며 출발할 채비를 했다. 그런 부지런한 마음을 오늘만큼은 내려 두고 싶었지만 그러지 못했다. 낯선 곳을 걷는 일은 〈뭔가를 제대로 해야 한다〉는 긴장을 한 겹씩 벗기기 시작했다. 차이나타운의 빨갛고 으리으리한 문을 지나자 밴댕이 골목과 휘황찬란한 중국식 요릿집들이 나타났다. 평일 낮이라 한적했지만 몇몇 직원은 중국 전통 복장으로 보이는 옷을 입고 호객을 했다. 중국 음식 특유의 달콤한 내음과 기름 분자들이 공중에 떠다녔다. 오래된 건물, 묘하게 증축된 건물들이 마치 술깨나 취한 사람처럼 상기되어 속사정을 늘어놓기 직전처럼 보였다. 시간이 충분했다면 그런 건물 하나하나에 들어가서 계단을 밟고 벽을 만지며 주야장천 이야기를 듣고 싶었다. 골목을 걸으며 우리는 인천이라는 곳에 관해 얘기했던 것 같다. 강대국의 조계지로서 마치 땅따먹기 하듯 땅이 나누어지고, 외국인들이 물밀듯 들어온 이곳의 사연, 식민지를 겪으며 개항장으로서 겪어야 했던 수모들에 대해서 말이다. 그렇게 길을 걷는데 누군가가 부르는 노래가 멀리서 들려왔다. 어떤 국가의 언어인지 알아들을 수 없지만 아름다운 곡조가 묘했다. 그 노랫소리를 따라 걸었다. 한 중년 여성이 하루의 일과를 행하듯 아주 익숙한 동선을 그리며 강아지와 산책 중이었다. 두 번 정도 그 아주머니와 눈이 마주쳤다. 첫 번째 마주쳤을 때는 그저 갈 길을 갔고, 두 번째 마주쳤을 때는 휙 방향을 틀어 어딘가로 분주히 올라갔다. 구성지고 묘하게 아름다운 곡조는 계속되는 중이었다. 그녀가 걸어간 곳은 인천시 기념물 51호로 지정된 돌계단이었다. 안내판을 읽어 보니 청나라와 일본의 조계지를 구분하는 경계지 역할을 하던 곳이었다. 그것을 알고서 풍경을 보니, 거짓말처럼 양쪽에는 각국의 석등이 다른 모양으로 서 있었다. 왼쪽은 일본 가옥들이, 오른쪽은 중국풍 가옥들이 나뉘어 있었다. 멀리 보이는 돌계단 끝에는 거대한 석조상이 하나 세워져 있는데, 공자였다. 공자상은 1800년대 당시 세워진 것은 아니었고, 2022년 중국 칭다오시에서 한중 교류를 위해 기증한 것이라고 한다. 하지만 중국의 상징적인 인물이 이 두 경계지와 인천항 일대를 굽어보고 있다는 것은 패권의 긴장이 아직도 끝나지 않았음을 넌지시 느끼게 해줬다.

낯선 곳에 왔다는 긴장감 때문이었나 뒤통수가 조금 따가웠는데, 범인은 따로 있었다. 요염하게 앉은 고양이 한 마리가 우리를 유심히 관찰하고 있었던 것이다. 현관 유리창 너머로 앉아 있는 고양이는 모리타 히로유키의 「고양이의 보은」의 한 장면을 연상케 했다. 그 녀석은 〈여기야, 여기! 여기로 들어오라고〉라고 외치는 것 같았다. 우연히 마주친 것에 과하게 의미 부여하는 내 습성을 그 녀석에서 들킨 것이다. 나는 혹시라도 그가 놀라서 달아날까 봐 낮은 보폭으로 다가가 필름 카메라를 슬며시 들이댔다. 분명 고양이들은 본인의 존재가 얼마나 멋지고 귀여운지를 알고 있는 듯하다. 마치 아주 익숙한 일이라는 듯 오랫동안 꼬리를 착 붙인 채 자리를 지켜 줬기 때문이다.

그를 더 보고 싶은 아쉬운 마음을 뒤로 하고 돌계단 위로 이어지는 자유공원을 걸었다. 그곳에서 거대한 맥아더 장군 동상을 목격하고, 이곳이 군사적 요충지임이 틀림없으리라 생각되는 탁 트인 경관을 보면서도 나는 아뿔싸, 그를 잊지 못했다. 심지어 그 녀석이 있던 목조 주택에는 〈낙타사막〉이라는 귀여운 이름의 나무 팻말이 걸려 있었다. 남들이 올 것 같지 않은 곳에서 당당하게 자태를 뽐내는 카페는 굳이 들어가지 말아야 할 이유를 댈 필요도 없다. 심지어 카페 앞에 〈Book〉이라고 쓰여 있다면 더더욱. 커피 한잔하자는 핑계로 고양이의 만질만질한 이마를 쓰다듬고 싶은 충동이 일었다. 운명적이게도 유지는 커피가 마시고 싶다고 했고, 나는 낙타사막에 가보지 않겠냐며 운을 뗐다. 〈거기 심지어 북 카페래〉라고 몇 가지 장점을 주섬주섬 꺼내 봤으나 유지는 고양이 때문임을 이미 알고 있었을 것이다. 우리는 온 길을 다시 돌아 낙타사막으로 향했다. 나는 그 녀석이 분명히 재미있는 인연을 만들어 주리라 확신하며 걸었다. 문 앞에는 그 녀석이 아직도 앉아 있었다. 이 문을 열면 그가 밖으로 나와 버리지 않을까 걱정하며 문고리를 잡는데 안쪽에서 사장님이 두 팔로 허공에 여러 번 가위 표시를 그리셨다. 설마 안 하시는 건가요. 카페를 더 이상 운영하지 않는 모양이었다. 고양이에게 혼이 빼앗겨 먼 길을 돌아온 나와 나 때문에 함께 돌아온 유지에게 면목이 없었다. 심지어 유지에게 고양이 알레르기가 있다는 것도 이제야 알게 됐다.

 이제 더는 갈 수 없는 곳은 매혹적이다. 인천에 다녀온 뒤로 나는 공상 속에서 낙타사막의 문을 열고 들어가 뭔가 있을 것 같은 묘연한 주인장이 내려 준 커피를 마신다. 삐그덕거리는 계단을 올라 좌식 테이블 하나를 맞대고 앉아 조금은 을씨년스러운 오래된 주택의 온도를 느낀다. 아, 이곳은 예전에 누군가가 지은 일본식 목조 주택이구나. 그렇게 기이한 공간을 두리번대다 보니 어느새 커피도 식고 등이 서늘하다고 느낄 때쯤 그 녀석이 조용히 계단을 타고 올라온다. 나는 다가가지 않고 기다린다. 고양이에게 다가가는 사람보다 무관심한 사람이 더 매력적인 장난감이라는 걸 믿기 때문이다. 능청스럽게 그에게 시선을 주지 않고 있으면 그 녀석은 냅다 내 정강이에 머리를 부딪히며 풀풀 날리는 털을 묻힌다. 나는 목조 주택 창가로 내리쬐는 빛과 그 흰빛에 부유하는 녀석의 털을 바라보며 반질거리는 그의 이마를 만지겠지. 운이 좋으면 그 녀석은 양반다리한 가운데에 똬리 틀듯 앉아 줄지도 모른다.

낙타사막에 들어가지 못한 아쉬움으로 그곳의 흔적을 쫓아가 봤다. 그곳은 인천 지역 예술가 박미나 씨가 운영하는 작업실 겸 카페였다. 2016년쯤 그녀는 크고 작은 매체와 인터뷰를 나눴다. 그곳은 100년도 훨씬 넘은 빨간 벽돌의 건물이었고, 술 창고로 쓰였다고 했다. 주인장은 오랫동안 비어 있었지만 풍광이 좋은 이곳을 집으로 삼으려고 했었다. 하지만 너무 허름하여 여러 명의 예술가와 작업실로 공유했고, 이후 함께 미술 작품 활동을 하는 남편과 둘이 이 공간을 운영하게 되었다고. 그녀는 인터뷰 제의도 몇 번이나 거절했다고 한다. 기자는 분량이 나올지 걱정되는 마음으로 대화를 시작했지만, 기사 전문에 흐르는 감정을 따라가면 아무래도 낙타사막에 매혹된 것 같았다.* 여기서 주인장은 네 마리의 길냥이를 들여 살뜰히 보살폈고 지역 예술가들과 뜻을 모아 홍상수 영화를 함께 보고 이야기하거나 이외의 여러 모임을 만들기도 했다. 때로는 독립 출판물을 비치하고 판매하기도 했고, 지역 예술인의 활동을 고민하며 앞으로의 날들을 예견해 보기도 했다.

〈내가 만든 것들을 카페에 놓아두니까《카페 겸 공방인가 봐》라고 손님끼리 얘기를 나누기도 하고, 그렇게 블로그에 올리기도 하나 봐요. 내가 말한 적은 없어요. 사람들이 그렇게 생각하는데 제가 뭘 어쩌겠어요. (웃음) 사람이 많은 게 싫어요. 사람이 많으면 힘들어요. 둘 다 장사를 잘할 수 있는 성격이 아니에요. 수완도 없고요. 어떨 땐 돈을 벌려는 데 장사가 안되고, 어쩌다 사람이 많으면 돈 버는 게 힘들어 그만두고 싶기도 하고요. 생각이 왔다 갔다 해요. 아직은 별생각이 없지만, 그림을 좋아하니까 나중엔 그림과

* 김영숙, 「인천 중구엔 예술가들의 〈참새 방앗간〉이 있다 – 선린동 카페 〈낙타사막〉을 아시나요」, 『오마이뉴스』, 2016년 11월 18일 자.

관련한 책을 판매하면 좋겠다고 생각합니다. 언제일지 모르지만요.〉 가볍고 자유로운 그녀의 대답을 천천히 읽는다. 내 공상 속에서 주인장의 성격이나 특징이 추가되었고, 그곳에 가고 싶은 마음은 한층 더 맹렬해졌다. 그녀는 낙타사막에 둥지를 틀기 전 인천의 예술회관 근처에서 작업 공간을 삼고 있었다고 했다. 그곳의 젠트리피케이션이 심화해 아마도 지금의 장소로 옮긴 것이었을까. 그렇다면 지금은 어떤 상황인가? 그녀는 〈장사할 수 있는 성격이 아니라서〉 그만둔 것일까, 이곳도 피치 못해 나가야 하는 상황일까, 그저 오늘따라 카페 문을 열기 싫어서 하루쯤 쉬어 가는 날이라면 좋으련만. 낙타사막에 관한 생각은 꼬리에 꼬리를 물었다.

  가지 못하는 곳은 왜 매혹적인가? 그날 유지와 함께 낙타사막의 문을 열고 들어갔다면, 공상이 지속되지 않았을 것 같다. 공간이 좋았다거나 혹은 기대 이하였다거나, 커피 맛이 조금 아쉬웠다거나, 고양이가 사나워서 친한 척도 못 했다거나 하는 확실한 결말로 마무리됐을지도 모른다. 가지 못하는 공간이야말로 이야기를 만들어 낸다. 이야기 속에는 온갖 추측과 추론과 공상, 몇 가지 사실 관계들이 뒤죽박죽 얽히고설켜 비로소 존재하지 않는 낙타사막을 만들어

냈다. 나는 주인장의 인터뷰를 읽으며 그리스인 조르바를 떠올린 그 기자의 마음에 동화됐다. 〈나는 아무것도 바라지 않는다. 나는 아무것도 두렵지 않다. 나는 자유다.〉(그리스 소설가 니코스 카잔차키스의 묘비명 글귀다.) 가지 못하는 그곳에서 나는 남겨진 이야기를 줍고, 남겨진 사람들로부터 몇 가지 중요한 것을 배워서 돌아왔다.

갈 수 없음 — 생을 마칠 때까지 살 수 있는 집

1호선 인천역으로 향하는 지하철 안으로 두 명의 중년 여성이 탑승한다. 둘은 각자 멀리 떨어져 앉았다가 사람들이 많이 내렸을 무렵 나의 좌석 왼쪽 끝에 나란히 앉는다. 둘은 선별적 복지에 대해 조용히 대화를 시작했다. 그것을 왜 찬성하는지, 혹은 반대하는지 자신의 의견을 경험에 빗대어 사려 깊은 이야기를 나눴다. 지하철을 두 시간 이상 타면 대개 시집 한 권을 모두 읽을 수 있고, 그다음엔 거의 아무것도 하지 않게 된다. 지루하게 창밖을 향하던 중 그녀들의 흥미로운 대화에 귀를 기울일 수밖에 없었다.

A   언니, 나는 우리 집에서 죽고 싶거든요. 지금 사는 우리 집에서요.

B   맞아. 나도 그래. 나도 몇 번이나 여기저기 이사 다녔잖아. 새로운 곳에 적응하는 일은 정말 힘이 들지.

A   맞아요. 나 어렸을 때도 이사를 참 많이 다녔어요. 이사 가면 집에도, 동네에도 적응해야 하잖아요. 그러면 잔뜩 긴장해야 하는데, 우리 엄마가 그때 한참 긴장하고 살아서 지금 치매가 온 것 같아.

B   아이고, 그래. 너는 지금 집에서 오래 살면 되지.

A   나도 그러고 싶은데, 그게 될까요? 조금 살다 보면 금방 10년은 지날 거고 그때쯤 되면 재개발한다고 쫓겨나지 않을까요?

B   너무 멀리까지 걱정할 것 있나. 정말 마지막이라 생각할 때 그때 가서 끝까지 살 수 있는 집을 정하면 되지.

A   언니, 난 몇 살까지 살까요? 하하하.

추측하건대 그녀들의 집은 단단한 벽돌로 지은 단독 주택이고, 그 안은 윤이 나는 나무 벽과 오래됐어도 잘 관리된 가구들이 있을 것 같다. 자녀들이 독립해 나가서 살지만, 언제든 그들을 맞을 수 있도록 방도 여유가 있을 테다. 영양가 있는 음식 냄새가 집 안을 은은하게 감돌며 갓 널어놓은 빨래의 적당히 습도와 향기도 있겠지. 가보지 않았지만 가본 것 같은 그들의 아늑한 집을 상상하며 집으로 돌아왔다.

2관
의정부

언니들의 방

한여름의 의정부는 하필 〈러브 버그〉와 함께였다. 몇 해 전부터 수도권 일대에서 출몰하기 시작한 이 생명체는 한 쌍으로 붙어 날아다니면서 생식 활동을 하며 이후에도 며칠을 함께 날아다니기에 그런 이름으로 불리는데, 개체수가 만만치 않아서 그것이 출현한 일대는 골머리를 앓는다. 시민들은 러브 버그의 살충을 요구하기도 하지만 어떤 것의 처리는 때로 그리 온당하지만은 않다.

기승인 곳이 있다더니 의정부도 그중 하나였던 게다. 쌍을 이룬 검은 벌레가 지천으로 날고, 나는 것보다 더 많은 사체가 길거리나 상점 입구에 즐비했다. 주문 결제가 전자화된 이후로는 매대 밖에서 점원을 보기가 어려운데, 의정부에서는 출입문에서 부지런히 움직이는 점원들의 모습을 꽤 볼 수 있었다. 러브 버그의 사체를 쓸어 담는 일은 키오스크가 해주지 않기 때문에.

목적지인 두레방으로 가는 동안 차창 밖으로 보이는 의정부는 꽤 드넓었다. 그리고 황량했다. 두레방은 기존의 보건소 건물을 그대로 사용하고 있었는데, 더 정확히 그곳은 미군들을 상대로 성매매업에 종사하던 여성들의 성병 진료소였다. 두레방을 안 것은 뉴스를 통해서였는데 빵 반죽을 치대며 생계를 도모하는 전직 성매매 여성의 모습은 무슨 〈재활〉을 하는 듯 비추어졌고 짧은 화면으로는 왜곡만 송출할 따름인 이야기의 몸체가 궁금했다. 어떤 재현은 그 의도의 관점이 부적절하기도 하고 또 어떤 재현은 낙인을 남긴다.

막상 도착해서 두레방에 들어갔지만, 그곳은 생각보다 개방적이지 않았다(그 공간이 개방적이길 원하는 건 나의 바람일 수 있다. 손님에게 친절해야 한다는 게 아니다. 개방의 몸짓이 해당 공간과 그 공간의 취지를 연대로 나아가게 한다고 여기기 때문이다). 그나마 공간을 여러 칸으로 구획하고 남겨진 좁다란 복도만이 공간이 수행했던 임무를 상상하게 했다. 기다랗게 줄을 서서 검사받고 항생제 주사를 처방받는 여성들, 끝내 검사를 피하고자 몸을 숨기는 여성을 잠시간 떠올렸다. 공간을 좀 둘러보고 싶은 마음이었지만 그건 허락되지 않았다. 대신 관리자로부터 최근까지 상영한 영상물을 보여 주겠다는 답을 들을 수 있었다.

며칠 전까지 두레방에서 진행되었던 상영회의 영상물이었는데, 미군을 상대로 성매매를 했던 한 여성의 증언을 담은 다큐멘터리였다. 우리가 애초 상영회를 목표한 것이 아니었고 관리자의 눈빛에서 좀 곤란하다는 뜻도 읽히는 듯하여 상영물은 다음에 찾아보겠다고 했더니 그렇게는 볼 수 없을 거라는 단언에 우리는 어영부영 화면 앞에 앉았다.

증언의 내용은 섬뜩하고 처참했다. 그리고 너무도 간단하지만 놀라운 사실을 확인했다. 〈그런〉 선택을 하는 이들을 우리는 종종 이해하지 못한다. 왜 〈하필〉 그 일을 택했냐, 다른 일을 해도 되지 않냐는 물음의 저류에는 그것이 자의적 선택이라는 전제가 도사린 셈이 아닌가. 그러니까 새삼스러운 확인은 그들이 스스로 그 길을 택하지 않았다는 것이다. 시작은 가난이었다. 그리고 부모의 결단이 있었다. 그것이 표면적으로 저 선택을 개인의 일처럼 보이게끔 하는 장치라는 것을 이해할 필요가 있다. 선택이 자신의 것이라 전제할 때 결과는 마땅히 초래할 수밖에 없는 〈죗값〉이 되고, 부모로 대표되는 한 가계의 선택이라 할 때 가난은 무능과 게으름, 무지의 소산이 되고 만다. 윤락(淪落)이란 말에서도 보듯 우리 사회의 시선은 자주 그런 일이 개인의 선택에 의한 〈타락〉이며, 그것은 마치 당사자의 윤리와 관계되는 것이라고 확신하는 듯하다.

입을 덜면서도 무엇보다 집안의 아들을 보필하기 위해 여자아이를 식모나 공순이로 〈파는〉 구조는 제 몸이 종잣돈이며 쌈짓돈이고 유일한 노동의 수단임을 어린 여자아이에게 심는다. 이름을 들으면 알만한 여성 코미디언이 방송 무대에서 이름을 날린 코너는 「영자의 전성시대」였다. 버스 차장(또는 안내양이라고도 한다) 복장을 하고 〈오라이~〉를 외치는 장면은 제법 유명한데, 이 코너는 영화 「영자의 전성시대」를 모티브로 했고, 그건 원작 소설인 조선작의 1973년 단편 「영자의 전성 시대」를 김승옥이 각색한 것이다. 의정부에 다녀온 뒤 소설을 다시금 읽고 나니 저 코미디의 포맷이 어쩌면 몹시 잔인하다고까지 여겨졌다. 소설은 그야말로 통탄할 영자의 고단한 인생을 소묘한다. 식모살이로 서울 생활을 시작했으나 주인집 남자들(아버지와 아들)의 탐욕에 시달리다 지쳐 버스 차장이 된 영자는 매달린 버스에서 떨어지면서 삼륜차에 치여 그만 한쪽 팔을 잃고

만다. 만원 버스에 문을 대신하다시피 매달려, 출발해도 좋다는 〈오라이〉 신호를 외치는 장면은 갖은 영상물을 통해 어렵지 않게 볼 수 있는 그것이다. 이제 그 몸으로 더는 차장으로 일할 수 없을뿐더러 어디에서도 일을 하기란 쉽지 않게 되자, 영자는 사창굴로 흘러들게 된다. 〈가난한〉〈여성〉이 〈장애〉를 입게 되자 곧장 창녀가 되는 구조는 사회적 안전망의 허약성을 그대로 노출하는 것이면서도 영자는 그 몸의 불구성으로 인해 거기서마저도 가장 낮은 곳에 위치하게 된다. 그런 영자는 포주와 친구의 어시스트를 받아 만취한 사내나 얼뜨기 등을 상대로 몸을 팔고 살아간다. 그러다 창수가 사창굴에 찾아들어 이들은 재회하게 된다. 그는 영자가 식모살이하던 집의 운전기사였던 것. 그런데 그는 영자의 몸이 그렇게 된 것을 보자 〈그때 자빠뜨렸더라면〉 하고 아쉬워한다. 온전한 몸의 영자를 품고 싶다는 욕망에 더해서 저 말은 자신이 〈자빠뜨려서〉 아내로 삼는 것이 무슨 대단한 구제책이나 되는 듯한 뉘앙스를 내포한다. 그는 베트남전 참전 후 무탈하게 제대하여 때밀이로 일하다가 영자와의 재회 후 그녀의 〈기둥서방〉이 된다. 전쟁에 나간 그에게는 화염 방사기란 무기가 있어 베트콩을 일곱이나 죽인 것이 자랑거리가 되었지만, 영자에게 무기란 제 몸

하나뿐이어서 영자의 몸은 쉽게 잘리고 오염된다. 그는 고심 끝에 영자에게 나무로 만든 의수를 만들어 원피스 안쪽 소매에 달아 준다. 나무 팔이 생긴 영자는 자신감이 뻗쳐 돈을 벌어들이기 시작하는데 그것도 잠시, 갑자기 대대적으로 사창굴을 정리하라는 정책으로 사창굴은 출입이 통제되자 영자는 돈벌이할 수 없게 되고 둘은 오갈 데 없는 신세가 된다. 영자는 궁리 끝에 포주에게 돈을 받겠노라 작정하고 나서서는 분연히 일어난 화재에 불타 죽는다. 그러니 〈버스안내양〉이 과거 한국 사회의 지지 기반인 것처럼 추억 삼아 불러낸 저 포맷은 아무리 생각해도 불편하다.*

그런 비통한 삶이 한 사람의 일생이라는 게 지금에서야 과장 같지만 의정부에서 본 영상물 속 증언자의 삶도 그토록 매운 것이었다. 그런 삶은 생각보다 특수하지 않은 건지도 모른다. 한 사람의 일생에 이렇게 많은 일이 있을 수도 있나 싶게 정말 곳곳에서 그의 몸은 찔리고 쑤셔졌다(어감이 거칠지만 내가 그 증언을 들으며 느낀 감각은 그랬다. 그

* 이 코너명은 코미디언 전유성의 아이디어임을 기사를 통해 찾을 수 있었다. 특정한 사람에 대한 비판이 아니라, 말하자면 그 코너를 누렸을 대중 중에는 실제 버스 안내양이었던 이도 있었을 텐데, 그들에게 그것이 과연 유쾌했을까 생각해 본다면, 당시 대중의 감성이라는 것의 주체는 여전히 남성이었음을 짐작할 수 있다.

러면서도 태연해지려고 애쓰며 예삿일인 양 말하는 증언자의 어투는 마치 듣는 이를 배려하려는 것인 듯했다).

그런데 애초 이 시스템을 기획한 이는 누구였는가?* 국가는 안보를 외주화하는 동시에 이를 위해 〈모셔 온〉 남성(군인)들의 성욕은 〈내주화〉해야만 했는데, 그러기 위해 성매매 여성들을 양성하는 한편, 사회로부터 분리, 격리함으로써 통제하고 정작 책임으로부터는 발을 뗀 셈이다. 그것은 돈이라는 수단으로 개인이 선택하여 〈사고판다〉는 자본주의 논리 뒤로 국가의 책임을 뭉개고 지우는 식이다.

* 5·16 군사 정변 직후 미국과의 우호 관계가 중요하다고 판단한 〈국가재건 최고 회의〉는 미군 주둔 지구에 대한 실태 조사를 하고 〈위안부의 교양 향상과 보건 진료소 확대 설치〉를 포함한 주요 조치를 지시한다. 그런데도 미군 위안부들에 대한 성병 통제에 어려움을 겪고 있던 미군 당국은 좀 더 적극적인 한국 정부의 기지촌 관리를 요구하고 한국 정부는 이를 승인한다. 한국 정부의 이런 노력(?)에도 불구하고 1970년대 초반까지 주한 미군 2만 명이 감축되자 박정희 정권은 위기를 느낀다. 한국 정부는 떠나는 미군을 붙잡기 위해 막대한 기금을 들여 성병 진료소를 설치하고 미국을 위한 〈위안 시설〉을 재정비하는 〈기지촌 정화 사업〉을 실시하는 눈물겨운 정성을 보인다. (기지촌 여성을 비롯한 군사적 성 노예 피해자들은 자신들을 〈위안부〉로 부르는 것을 반대하고 최근에는 〈성 노예〉라는 용어를 사용하고 있다. 그편이 문제의 본질과 사태를 더 적절하게 드러내기 때문이다. 참고한 책에서는 당시 한국 정부가 법적 용어로 규정한 공식어로써 〈위안부〉를 사용하고 있다.) 김현선, 『미군 위안부 기지촌의 숨겨진 진실』, 김정자 증언(한울아카데미: 파주, 2013), 24면, 29면 참고.

두레방을 나와 골목골목을 걸었다. 깨진 통유리와 전단 쓰레기가 아주까리 넝쿨과 얽혀 있는 곳은 클럽이 있던 자리였다. 훼손되긴 했어도 이층으로 오르는 계단의 형체가 제법 남아 있고 온갖 술잔이 먼지에 덮인 채 진열된 그곳은 얼핏 영업을 그만둔 지 그리 오래되지 않은 것처럼도 보였다. 그건 오랜 시간 동안 누구도 관심을 두지 않았다는 뜻이기도 하다. 역사에서 먼일이 아니지만, 누군가에게는 처음부터 관심의 대상이 되지도 못한 그곳에 〈언니〉*들이 있었다. 스탠리 캠프(미군 부대) 앞으로 길게 뻗은 길의 양쪽에 식료품점이나 구둣방과 같은 흔한 상점의 흔적이 있기는 했지만 외에는 군데군데 클럽을 중심으로 집들이 있었고 그런 군락이 내리막을 따라 마치 층층이 있는 것처럼 마을의 입구까지 비슷한 방식으로 〈방〉들이 이어진 독특한 구조가 자주 눈에 띄었다. 성급하게 마치 굴을 파듯 담벼락을 쳐서 갈라놓은 방과 방들. 길거리에 면한 창문에는 죄다 창살이 설치되어 있었는데, 거기가 언니들이 성매매를 (해야) 했던 방이었음을 나는 돌아와서 그 구조물을 복기하다가 문

* 성매매 여성들과 함께하는 활동가들은 그들을 언니라고 부른다. 여성 간의 호칭인 언니는 가장 따뜻한 배려의 방식일 테지만, 이들의 이름을 부르는 것이 (적어도 아직은) 여성들임을 알 수 있다.

득 깨달았다. 그저 주민들의 흔적이라 여겼고 창살은 방범용일 거라 여겼던 것인데, 그 방은 언니들의 주거지이면서 업장이었고, 창살은 언니들의 탈출을 방지하기 위한 감금을 목적으로 했던 거였다.

그녀들이 묵는 방은 자신을 가두는 감옥이면서 남자들을 〈받는〉 성 노동의 장이었고. 그 노동은 자신을 지우고 묵살함으로써만 지탱되는 아슬한 것이었다. 이곳을 〈뻿벌〉이라고 부르는 이유가 거기에 있다. 도망할 마음으로 뛰쳐나갔더니 사방이 논이라 빼도 박도 못하는 갯벌에 선 것처럼 자꾸만 발이 빠지더라는 증언, 도망치려 하면 할수록 잠기는 깊은 수렁, 그곳이 뻿벌이었다. 지명의 유래에 관해서라면 배밭터 설이 있긴 하지만 저 증언이야말로 땅의 기원에 대해 기록이 놓칠 뻔한 이야기를 재기입하는 산 역사라고 생각된다. 더불어 이런 〈빼도 박도 못하는〉 구조는 군산 기지촌만 보더라도 똑 닮은 꼴로 우뚝 서 있음으로써 건설 주체의 의도를 뻔히 드러낸다. 어색하게 불뚝 솟은 건물을 에워싼 갯벌, 그것은 바로 국가가 의도적, 계획적으로 생성, 관리, 통제한 성매매소의 지리적 조건이었다.

이제 언니들의 방은 몇 군데 흔적만 남긴 채 스러져가고 있지만, 남자들은 다시 그들의 방을 설계하고 세운다. 애초에 성을 사고팔 수 있다는 생각, 그런 것이 남자들의 성장, 소위 〈진짜 남자〉가 되는 일에 필수라는 사고. 남성의 고단함은 〈위로〉받아야 하고, 그 위로를 위해 여성이 필요하다는 천박함, 그러므로 국가의 통치를 위해서 여성의 성을 전략적으로 〈활용〉할 수 있다는 폭력이 만든 저 끔찍한 전리품들을 국가는 지속적으로 외면했다. 거기에 더해 국가가 기획하고 무려 육성한 기지촌의 유지, 성매매 산업의 지속을 위해 〈아가씨〉를 끊임없이 발굴해야 했던 포주와 업주는 인신매매를 감행하기도 했으니, 이 모두가 정부의 용인 아래 자라난 범죄 산업인 것이다. 그런 줄도 모르고 얼마나 많은 부모가 사라진 딸들을 찾아 헤매었을까.

〈버닝썬〉과 같은 강남의 유명 클럽이 유흥업소 종사자를 대상으로 하는 애프터 클럽 〈아레나〉의 영업 방식을 그대로 빌렸음은 그리 놀라울 것이 못 된다. 주지하듯 〈버닝썬 게이트〉가 경찰과의 유착 관계, 마약 유통, 약물 성폭력 등 여러 문제를 수면 위로 올리긴 했지만, 어디 버닝썬뿐이겠는가? 한 번쯤 나이트나 클럽에 가본 사람이라면 아니 그 일대를 지나가기만 해도, 〈여성은 무료입장〉이라는 멘트와 함께 불쑥 손목을 잡는 호객꾼과 입구에서 〈수질 관리〉를 담당하는 〈심사자〉들을 본 적이 있을 것이다. 여성의 몸을 상품으로 여기는 일에 우리는 꽤나 무감하기도 한 것이다. 그런 것이 여성을 대상으로 하는 쇼 비즈니스의 세계에 자신을 내맡기는 방식이라는 인식 대신, 〈입구 심사〉 정도는 당연한 〈문화〉로 여기는 사람도 있을 것이기 때문이다.*

* 여성의 몸에 대한 한국 사회의 인식은 무척 〈나이브〉하다. 당사자인 여성이 그런 경쟁에 스스로 뛰어들며 자신을 기꺼이 대상물로 변형시키는 일은 별 자의식 없이 이루어진다. 그러나 그것이 여성 자체에서 비롯된 문제라고는 말할 수 없다. 우리 사회의 성 인식은 여전히 남성의 시선과 남성의 언어 그것이다. 여성의 몸이 여성의 언어(이건 아직도 미지나 다름없다)로, 여성으로부터 주체적으로 인식되고 발화되기 시작한 지 얼마 되지 않은 것이다. 임권택의 1997년 영화 「노는 계집 창」은 상경하여 청계천 피복 공장 노동자로 살아가던 영은이 술집으로, 술집에서 사창가로 흘러 들어와 〈몰락〉하는 과정을 담는다. 윤간을 시작으로 사창가에 팔아넘겨지는 영은의 처지는 서울에서 지방으로, 지방에서 벽촌으로 가는 식으로 〈퇴물〉이 되어 가는데, 그에게는 언제나 처분할 수 없는 빚이 있다. 영화는 어느 틈에 어디론가 옮겨 가버리는 영은의 거처를 좇는 이의 발걸음을 서사의 축으로 하는데, 이 남성을 바라보는 영화(감독)의 시선은 영은을 바라보는 그의 시선과 함께 다분히 순애보적 낭만성을 자처한다. 감독은 정성일과의 대담에서 〈나빠져 가는 사회라는 어떤 구조, 이런 사회가 굴러가는 흐름 안에서 자기가 자꾸 몰락해 가고 때 묻어 가고 인성 자체가 타락해 가는 걸 알아차리지 못하는 사람들의 이야기〉를 그리고 싶었다는데, 이어 촉박한 시간 때문에 제대로 만들지 못했다고 고백하지만, 의도가 얼마만큼 반영되었든 간에 영화의 출발점이 었을 저 문장에는 사회의 흐름은 어쩔 수 없는 것이고, 여성의 성매매는 의식이 부족한 개인의 타락이라는 시선이 노골적으로 묻어난다. 그것은 결코 개인의 타락이 아니다. 여성의 일은 언제나, 개인적인 것이 정치적인 것이 아니던가.

직장 생활을 할 때 나이트에 가본 적이 있다. 테이블에 앉을 틈도 없이 함께 갔던 이들과는 뿔뿔이 헤어져야 했는데, 남자들이 있는 방에 밀어 넣어졌을 때 도대체 뭘 해야 할지 알 수가 없었다. 조금 시간을 흘려보내자 나의 일행이 내가 있는 〈룸〉에 들어왔는데, 과장 조금 보태서 눈물이 날 만큼 반가우면서도 왠지 우리는 우리의 이야기는 할 수 없었다. 그러니까 그 〈방〉의 주인은 우리가 아니며 그 순간에 나는 잠깐 업주가 고용한 〈아가씨〉로 치환된 거나 마찬가지인 거다. 더는 앉아 있을 수 없었다. 미로 같은 곳을 빠져나와 입구에서 맡겨 둔 가방을 달라고 했더니 남자와 함께 나가지 않으면 돈을 내야 한다고 했다! 나는 충격받았는데, 그러니까 길거리의 시민 누구든 〈2차〉의 대상물로 거기에 끌려 들어온다는 것이 아닌가. 남자를 즐겁게 해주지 않는 여자는 무료로 거기에 있을 수 없다. 나는 당황한 기색을 감추려 정색하며 애초 말하지 않았으므로 요금을 지급할 수 없으니 가방을 달라고 주장했고 내가 굽힐 생각을 하지 않자 직원은 (진상 만났다는 표정으로) 가방을 내주었더랬다.

남자들의 방이 자신의 은밀한 욕망을 은밀하지 않은 방식으로 공유하는 연대라면 언니들의 방은 갇히고 닫힌 곳이기만 했다. 언니들은 거기서 살거나(몸을 팔거나) 죽어갔다. 어색하게 빵 반죽을 밀던 뉴스 속의 두레방 자활 프로그램에 참여하던 언니를, 증언 속에서 자신의 가족사를 말하며 그래도 자신의 미국 남편은 다정했다고 말하는 증언자 언니를* 그냥 기억 밖으로 흘려보낼 수는 없을 것 같다. 어쩌면 저 언니들의 방은 몹시 유연한 모습으로 자유 경쟁(《입구 컷》을 당하지 않기 위해 얼마나 공들여 치장하고 클럽에 줄을 서는가)에 제 몸을 맡긴 채 남루하기는커녕 더욱 더 화려한 모습으로 도시의 중심에 버젓이 서 있는 것이다.

의정부 뺏벌 일대는 재개발로 부지를 갈아엎겠다는 지자체와 대치 중이다. 그래서 마을은 헝클어진 채 시간이 정지한 듯하다. 마을은 그런 채로 누구의 손길을 기다리고 있는가. 갈아엎는 일은 전혀 급하지 않다. 두레방을 속속들이 눈에 담고 싶어서 어깨 너머로 눈길을 돌려 대는 시선을 차단하려는 관리자의 몸짓이 나는 내심 서운했는데, 이제 와 그

---

　* 언니는 미군들은 그래도 젠틀했다고 말했다. 그 이면에는 미군을 모셔야 했던 국가 정책을 비롯한 시대적 사대주의도 있겠지만, 언니의 증언을 들어 보면 가족과 친구를 비롯해 포주 등 언니가 만난 한국인에 비하면 미군은 진짜 조금 상냥했을지도 모른다. 그는 미국으로 돌아가서도 언니에게 꽤 지속적으로 생활비를 보내 줬다고 했다. 언니는 그것을 사랑이라 여겼을 것이고 그 정도의 친절을 그간 누구에게도 받아 보지 못했는지도 모르겠다.

가 왜 그랬을까 생각해 보니 그간 얼마나 많은 부침이 있었을까 싶다. 그 폐쇄의 몸짓은 그만큼 이 문제가 우리 사회에서 외면받은 데 대한 증거이기도 할 것이다. 우리는 언니들의 방이 러브 버그보다 우리의 삶에서 멀다고 생각하는 건 아닐까. 그 방들이 온라인 단체 채팅방으로 옮겨 가고 더 많은 언니를 노리고 있음을 우리는 모르지 않는다. 그럴 때 언니란 특수한 업에 종사하는 여성이 아닌 우리 중 누구를 향한다. 지하철 화장실조차 불안 없이는 이용할 수 없는 지금, 우리는 누구나 어느 해충보다 왕성히 번식 중인 어느 〈방〉의 피해자가 될 수 있다.

몸, 역사와 슬픔의 거주지

도시에는 목소리가 점점 희미해지는 이야기들이 마치 지하철 노선처럼 깔려 있다. 나는 그 이야기들을 영화로, 책으로, 뉴스로, 누군가의 말을 통해 접하면서 〈잊힌 이야기〉라는 파편이 마음에 박힌다. 때로 어떤 이야기는 정말로 까맣게 잊기도 한다. 완전히 잊고 살다가 막다른 골목에서 그것을 마주쳤을 때 〈그간 속 편하게 그 일을 망각하고 살았구나〉 하는 죄책감을 느낀다. 내가 만난 적 없고, 이제는 만날 수도 없는 그들의 이야기를 어떤 식으로든 〈알게〉 된 내가 응답해야 할 것 같은 불분명한 책임감을 느낀다. 그들은 내게 자신의 얘기를 들으라고 한 적도 없고, 자기의 얘기에 대해 〈글 쓸 여력이 있는 자〉로서 응답하라고 한 적도 없다.

나는 어떤 메시지를 잘못 배송받아서 그것에 대한 응답을 자처한다. 글을 쓸 여력(지면과 시간과 에너지와 작동하는 노트북, 글 쓰는 데 집중할 공간, 돈, 시간, 호의를 보이는 출판사 등)이 있다는 것은 누군가에겐 특권일 수 있다. 그렇다면 그 특권을 부릴 곳을 찾는 건 매우 중요하다. 나는 이야기를 들려준 그들에게 빚을 갚는 데 조금의 특권을 몽땅 쓰고 싶었다. 하지만 그것은 큰 오산이었다. 어깨 위 무거움을 덜기 위해 그들의 이야기에 다가갈수록 내가 쓸 수 있는 말과 쓰면 안 되는 말을 구분하는 능력조차 내게 없었음을 깨닫게 되었다. 빚은 점점 불어나기만 했다. 결국 보기 좋게 〈빚 갚기〉에 실패했고, 앞으로도 꾸준히 실패할 것 같다. 다만 나의 실패하는 글쓰기가 또 다른 배송지에 잘못 도착할 가능성이 있다면 어쩌면 계속해 볼 만한 일인지도 모른다.

의정부 뺏벌에 다녀온 뒤로 내 마음에 불쑥불쑥 떠올라 모든 것을 헤집는 하나의 이미지가 있다. 마치 플래시를 세게 터뜨려서 사진을 찍듯 머릿속에 명확하게 각인된 그 사진으로 이야기를 시작해 본다. 의정부 고산동 뺏벌 마을 정류장에서 내리면 농협 바로 뒤에 두레방이 있다. 그곳은 오래전 기지촌에서 미군 위안부로 매매춘* 했던 여성들의 성

* 〈매춘이란 몸을 파는 사람과 몸을 사는 사람이 있을 때 성립하기 때문

병을 검사하던 보건소였고 지금은 기지촌 여성을 지원하는 활동 기지다. 두레방 관계자의 안내를 받아 한 인터뷰 영상을 보게 되었다. 관계자에 따르면 모자이크 처리 없이 기지촌 여성의 긴 증언만으로 제작한 귀중한 자료라고 했다. 〈이거 어디까지 얘기해도 돼?〉라며 사뭇 부끄러운 태도와 흔들리는 눈빛을 한 중년 여성이 파란색 화면 가운데 나타났다. 뺏벌 마을, 보건소로 쓰였던 그 건물의 좁은 방 안에서, 창밖으로 미군 부대의 철조망이 보이는 곳에서 그 영상을 보고 있으니 묘하게 어긋나는 감정이 올라왔다. 그녀가 매매춘에 발을 들여놓게 된 시작점에는 성폭력이 있었다. 유년 시절 그녀는 형부로부터 성폭력을 당하고 그 사실을 어머니와 언니가 절대 이해하지 못할 거로 확신한 뒤 어쩔 수 없이 도시로 도망치게 됐다. 그 이후 그녀는 이곳저곳 소개비를 빚지며 팔려 다니다 의정부의 뺏벌 마을까지 오게 된 것이다. 그녀는 모진 세월을 겪고도 미군이 한국 남성보다 낫다고 말했다. 〈미군들은 어떨 땐 죽도록 패긴 했지만 첫 만남에서는 젠틀했어요.〉 그녀의 말에 충격이 채 가

에 성을 《파는》 매춘부(賣春婦)와 성을 《사는》 매춘부(買春夫)가 똑같이 문제가 되어야 한다〉는 맥락에서 매춘이 아닌 매매춘이라는 용어를 사용했다. 홀화살괄호 안의 표현은 강준만의 『매매춘, 한국을 벗기다』에서 참고했다.

시기도 전에 당시 정부는 기지촌 여성을 외화벌이 수단으로 활용하면서도 그들을 양공주라 멸시하며 더러운 여성으로 낙인찍기에 바빴다는 사실을 알게 됐다. 한국 사회의 이런 모순적 태도는 기지촌 여성들이 미군과 결혼하여 한국을 떠나는 선택으로 내몰았다. 하지만 그런 꿈이 실현되기란 굉장히 힘든 일이었고 미군의 아이를 밴 그녀는 뻘벌에서조차 도망갈 수 있는 처지가 아니었다. 함께 마음을 나누던 동료는 그녀를 위한답시고 발로 그녀의 배를 세차게 차고 짓눌러서 낙태를 유도했다. 그녀가 탈장으로 생사를 오고 간 와중에도 숨을 쉬었던 아기는 결국 죽은 채로 세상 밖으로 나왔다. 그녀는 자신의 윗옷을 들며 그때의 기억이 새겨진 복부를 내보였다. 나는 옷을 들어 올리는 그녀 앞에서, 이제는 덧난 곳도 베어진 곳도 구분할 수 없는 흉터로 얼룩진 배를 보았다. 강렬한 죄책감과 무력감을 느꼈다. 기지촌 여성의 이야기를 마주할 때마다 단지 내가 그들과 같은 여성이라는 이유만으로 그녀들의 피해 사실에 가장 먼저 접속하게 되었는데, 그날은 사뭇 달랐다. 윗옷을 거침없이 들어 올리는 그녀, 뻘벌이라는 장소, 그녀들을 깨끗한 파트너로 만들겠다는 국가적 폭력이 자행되던 방, 그 안에서 나는 내가 가해자인 적이 없었는지 물을 수밖에 없었다. 나는 가해자인 적 없었던가? 지금껏 기지촌 여성의 문제를 조금 더 관심 있게 여길 수도 있었는데 그러지 않음을 선택한 것도 가해가 될 수 있었다. 지금도 여전히 성행하는 매매춘에 대해 그저 나와는 먼일이라 여긴 것도 가해일 수 있었다. 대중매체에 자극적으로 묘사된 피해자들의 고통에만 관심을 가졌던 것 역시 가해에 가까웠다. 과거 한국군이 위안부로 삼았던 피해 여성들에 대해 찾아보지 못한 일 역시 가해 아닌가? 글을 쓰기 위해서 그녀의 증언을 아무렇지 않게 관람하는 것도 어떤 면에선 가해에 더 가까운 것 아닐까.

두레방에서 목격한 중년 여성의 몸은 몇몇 나신(裸身)을 선명하게 이끌고 왔다. 첫 번째는 박인순의 씻는 몸이다. 영화 「임신한 나무와 도깨비」를 여는 장면이기도 하다. 그녀는 생활의 흔적으로 빼곡한 욕실에서 김이 나지 않는 차가운 물을 몸에 끼얹었다. 스크린에서 나이 든 여성의 몸을 이토록 적나라하게 본 적이 있던가. 극장에서는 대체로 젊은 여성의 관능적인 몸만 보여 주곤 했기에 그 장면이 오래도록 머릿속에서 떠나지 않았다. 「임신한 나무와 도깨비」는 의정부 뻘벌에 얽힌 이야기를 픽션이라는 영화적 문법으로 소화한 결과물로, 그곳에 가야겠다고 마음먹게 한 작품이었다. 영화의 주인공은 기지촌 여성으로 일했던 박인순이다. 그녀는 오래전 기지촌에서 일했고, 동료가 대부분 떠난 지금도 여전히 그곳에서 삶을 이어 간다. 그녀는 낮에 유아차에 파지를 가득 모으는 일을 하고 밤에는 귀신으로 찾아오는 죽은 동료들을 저승으로 보낸다. 영화 속 내레이션은 박인순을 〈밤에는 잠을 안 자고 두 다리가 튼튼해 어디든 걸어 다니는 여자〉로 여러 번 묘사한다. 반면 유령으로 마을을 떠도는 기지촌 여성들은 얇은 소복을 입고 얇은 발목을 지닌 호리호리한 체형의 몸들이다. 기지촌 여성 하면 떠오르는 전형적인 이미지다. 하지만 지금 여기 박인순은 과거 기지촌 여성으로 일할 때의 모습과는 다르게 튼튼한 두 다리를 가졌다. 머리는 짧은 쇼트커트로 흰머리가 성성하고, 스케치북에 저승사자를, 임신한 나무를 세차게 휘갈겨 그린다. 영화의 후반부는 박인순의 상상 속 장면으로 이어지는데, 그녀는 미군의 머리통을 큰 가위로 잘라서 끈으로 묶어 저세상 가는 길까지 질질 끌고 간다. 이 영화에서 내가 가장 좋아하는 부분이다. 영화는 기지촌 여성이 당했던 국가적 폭력을 증언하는 데에서 그치지 않고 당사자가 말하고 싶은 것을 말하도록 영화를 기꺼이 내주는 느낌이다.

두 번째는 변영주 감독의 「낮은 목소리」 마지막 장면에 등장한 일본군 위안부 할머니의 나신이다. 당시 한국 정부는 기지촌 여성을 칭하는 말로 〈미군 위안부〉라는 용어를 공식 문서에 번번이 사용했다. 1960년 당시 윤락 행위 방지법이 행해졌지만 바로 2년 뒤 국가는 미군이 주둔한 지역에서는 성매매를 허용한다는 내무부 공동 지침을 내렸다고 한다. 동시에 〈몽키하우스〉로 불렸던 보건소를 경기도 곳곳에 배치해 기지촌 여성의 성병을 집요하게 검사하기 시작했다.* 기지촌을 이용하는 미군에게 성병이 있다면 기지촌 여성만 단속하는 것으로는 절대로 이를 근절시킬 수도 없음에도 정부는 이러한 불합리한 일을 자행했다. 결국 정부는 국가적 차원에서 미군에게 〈깨끗한〉 성을 서비스하기 위해 폭력적으로 여성을 도구화하는 〈포주〉의 역할을 한 건 아닐까?

「낮은 목소리」에서 변영주 감독은 마지막 장면에 할머니의 나신이 반드시 들어가야 한다고 생각했다. 그게 역사이기 때문이었다. 이제는 늙고 병들었지만 그렇기에 더 이상 잡혀가거나 팔려 가지 않는 몸. 그제야 비로소 자유로워진 할머니의 몸을 보여 줘야 한다고 말이다. DVD의 부록에 실린 감독의 짧은 인터뷰 영상을 보면서 할머니의 나신은

* SBS, 「그것이 알고 싶다」, 1008회 〈꽃들에 관한 인권 보고서 2부 - 몽키하우스와 비밀의 방〉 참조.

일본군 위안부로서 당했던 피해의 증언에서 나아가 지금도 계속되는 여성의 몸에 말을 걸고 있는 것 같았다.

지금 동시대에 여성이자 덜 늙은 몸으로 마주했던 여러 곤경이 머릿속을 스치고 지나갔다. 할머니의 나신이 곧바로 미천한 나의 경험으로 전이되는 것이 할머니들이 전하고자 했던 바를 오염시키는 것은 아닌지 걱정도 됐지만, 내가 당한 피해와 할머니의 피해가 분명 경유하는 지점이 있다고 느꼈다. 단지 여성이라는 이유만으로 그 피해에 무턱대고 공감하는 것으로 여겨진다면 나의 글쓰기는 또 한 번 실패한 것이다. 일본군 위안부로 끌려가야만 했던 처지, 이를테면 당시 팽배했던 여성에 대한 사회적 차별, 국가의 부재 상황 등 할머니와 나는 완전히 다른 위치였음이 틀림없다. 그럼에도 나는 젊은 여성의 몸이 그렇지 않은 몸보다 더 쉽게 도구화되고, 원치 않는 방식으로 오해받는다고 생각한다. 나는 살면서 여러 번 성추행과 성희롱을 겪었다. 그중에서도 유독 기억에 남는 것이 있다. 유년 시절 누군가에게 성추행을 당했다는 사실을 남성 어른에게 도움을 청하며 알렸을 때 그는 가해자를 나무라며 호통치기도 했지만, 내게 따로 이런 얘기를 흘렸었다. 〈걔도 네가 예뻐서 그런 걸 거야.〉 나는 어렸고 배운 게 없었지만 그 말은 틀린 말이라는 걸 단박에 알았다. 그 말이 오히려 가해가 될 수 있다는 사실을 그에게 설명할 수 없었고 분노는 더 표출할 수 없었다. 젊은 여성의 몸이 그 자체로 온전히 〈몸〉일 수 없는, 〈예쁘다〉는 표현이 지상 최대의 찬사인 양 여기는 이 거대하고 첨예한 구조를 맞닥뜨린 날이었다. 그 말은 나의 피해를 내 몸에 더욱 깊게 아로새겼고 지금도 잊을 만하면 그때의 기억이 떠오른다.

1995년작 「낮은 목소리」는 할머니들을 소개하고 일본군 위안부의 피해 사실에 관해 이야기하는 영화라면 1997년작 「낮은 목소리 2」는 할머니들이 기획자가 되어 만든 영화다. 할머니들이 모여 사시던 혜화 나눔의 집이 영화를 계기로 많은 사람의 관심을 끌어내 경기도 퇴촌의 용지를 얻어 새롭게 이사하게 되었다. 할머니들은 〈새집으로 이사 갔으니 새 영화가 만들어져야 한다〉고 변영주 감독에게 요청했다. 퇴촌의 마을 사람들은 할머니들에게 노는 땅을 소일거리라도 하시라며 드렸다. 할머니들은 난생처음으로 자기 땅이 생긴 것이었다. 그래서인지 밭일에 거의 집착적으로 매달리셨고 그것이 일부분 치유의 과정이기도 했다고 감독은 말했다. 영화는 두 부분으로 구성되는데 하나는 할머니들이 밭일하며 신나게 하루를 보내는 나날이고 다른 한편에서는 강덕경 할머니가 폐암으로 죽어가는 상황을 담는다. 할머니들은 자신들이 기른 호박을 보여 주고 싶어서 그걸 찍으라고 새벽같이 촬영 팀을 불러냈다. 커다란 호박이 할머니들 머리 위에서 떨어져 데구루루 굴러가기도 한다. 이러한 웃긴 상황 속에서도 할머니들은 짐짓 〈내가 소처럼 평생 일해야 했던〉 내막을 이야기하셨다. 일상에서 잔잔한 슬픔이 계속해서 멈추지 않고 흘러나오는 것이다. 그래서 감독은 이 영화의 영어 제목을 〈Habitual Sadness〉, 〈일상적인 슬픔〉이라고 붙이게 됐다. habitual(습관적인, 늘 하는)은 habit(습관, 버릇)에서 파생한 단어다. habit의 어원을 따라가 보면 〈살다, 거주하다, 관계하다〉라는 뜻의 프랑스어 〈habiter〉가 나온다. 「임신한 나무와 도깨비」에서 마주한 박인순의 몸과 두레방에서 만난 한 증언자의 몸, 「낮은 목소리」에서 목격한 위안부 할머니의 나신에는 촘촘한 슬픔이 거주하고 있다. 그 몸은 이제는 더 이상 〈팔려 가지도 잡혀갈〉 위험도 없으며, 지워지지 않는 역사 그 자체다. 무방비로 노출된 그들의 몸은 이제 여성의 몸에 으레 따라붙는 오해와 굴레로부터 자유로워져서 나의 몸이 기억하는 흉터를 호명하고, 그것이 잘못 배송된 메시지라 할지라도 계속해서, 끊임없이, 말을 걸고 이야기를 회자한다. 그리고 이야기는 잘못 배송된 메시지로써 누군가를 치유한다. 1995년 당시 변영주 감독은 「낮은 목소리」 상영관에 앳된 얼굴로 진하게 화장한 한 무리의 여성 관객이 기억난다고 했다. 그들은 영화가 시작하고 10분 뒤부터 극장이 떠나갈 정도로 꺼이꺼이 울었다고. 10대 정도 됐던 그들은 미아리 텍사스촌에서 매매춘을 하던 여성들이었다고 한다. 그들은 위안부 할머니들의 이야기에서 무엇을 보았길래 그리도 크게 울 수밖에 없던 걸까? 그들은 할머니의 몸과 자신의 몸을 거쳐 전해지는 고통을 느꼈을까. 그들의 울음은 관객들의 관람을 방해할 정도였다고 덧붙여지지만, 그 울음은 다른 자리에 앉은 또 다른 누군가에게 잘못 배송되어 뜻밖의 위로를 자아낼 수 있었을 거라 감히 확신해 본다.

3관
삶터

자동 운행 항공기 밖으로

나는 언젠가 오래 머물 곳을 찾아야 할 것이다. 동시에 그곳에 정주하는 이유에 대해 스스로 명백히 설명할 수 있기를 바란다. 하지만 지금은 그럴 수 없다. 마지못해 임시 거주하는 서울에서 집은 두루뭉술한 불안의 집약체처럼 느껴진다. 나는 최근 남아프리카공화국 출신 영어 선생님에게 화상 채팅으로 회화 수업을 들었다. 그때 나눴던 한 대화는 내가 느끼는 두루뭉술한 불안의 집약체를 잘 묘사해 준다. 멜리사 선생님은 내게 영어로 물었다. 「집 근처에 가족이 사니?」 아니. 「애인은? 집에서 가까이 살고 있어?」 아니. 「그럼 친구들은?」 친구들은 가까이 살아도 동네에선 잘 안 만나게 돼. 「그럼 너는 거기에 왜 혼자 사는 거야?」 나는 새

마을 운동 시대에서 온 사람처럼 대답했다. 「여기엔 그나마 기회가 있어.」 나의 서투른 영어 실력은 때로 나의 가장 솔직한 생각을 소위 〈쿠션어〉 없이 내뱉게 했다. 그래서인지 나는 멜리사와의 그 대화를 자주 복기하곤 한다. 나는 여기에 왜 혼자 사는 걸까? 부담스러운 은행 이자와 월세, 공과금을 어렵사리 감당하면서, 사랑하는 사람들을 자주 만나지 못하면서, 고된 일에 파묻혀 살면서, 왜 이곳을 떠나지 못하는 걸까. 이곳에 정말 기회가 있긴 있는 걸까? 내가 지닌 몇 가지 능력을 재화로 바꿀 수 있는 곳, 언제든 미술 전시와 영화를 볼 수 있고 친구들을 만날 수 있는 곳. 그것을 기회라고 불러도 되는 걸까?

한국에서 집은 대체로 사는live 곳이 아니라 사는buy 것에 더 가깝다. 대한민국의 인구 절반은 남의 집을 빌려 살며 처음 내 집을 갖게 되는 평균 연령은 43.7세다. 이는 2020년 기준이니 물가 상승률을 따졌을 때 평균 연령은 아마 더 높아졌을 것이다.* 물론 한국을 제외한 전 세계 주요 국가들

---

* 국토교통부의 〈주거 실태 조사〉에 따르면 우리나라 전체 가구 중 자신이 소유한 주택에 살고 있는 가구의 비율은 2022년 57.1퍼센트다. 지역별로 보면 수도권은 51.9퍼센트로 가장 낮다. 한국의 생애 최초 주택 구매 평균 연령은 39.9세(2020년)였고 조사 시점인 2020년을 기준으로 최근 4년간 내 집 마련에 성공한 세대주의 평균 연령은 43.7세로 2019년(42.8세)보다 높아졌다.

의 사정도 별반 다르지 않아 보인다. 페드로 코스와 존 센크 감독의 2021년 다큐멘터리 영화 「나의 집은 어디인가」를 보면 미국 주요 도시들은 인구가 쉽게 늘지 않는데도 집세를 감당하기 힘들어 거리로 나온 노숙인의 수가 지난 4년간 두 배 이상 급격히 증가했다. 그곳에 출연한 미국 주거 전문가들은 이처럼 주거의 근간이 흔들리는 현상을 〈우리 모두 가라앉는 배에 탔다〉고 표현했다.

    나도 남의 집을 빌려서 산다. 누군가와의 대화에서 이곳을 무심코 〈내 집〉이라 말했을 때 얼마간 양심에 찔리는 이유다. 내가 빌린 집의 보증금 6할은 은행 돈이다. 앞으로 나는 그간 모아 둔 돈을 보증금에 더해 반전세에서 전세로 옮길 것이고 은행에는 더 많은 이자를 내며 살게 될 것이다. 그런 생활을 더는 이어 갈 수 없을 때가 되면 고향으로부터 먼 곳으로 떠밀려 가게 될까. 한 뉴스 보도에 따르면 서울에서 내 집을 마련하기 위해서는 월급을 15년간 단 한 푼도 쓰지 않고 모아야만 가능하다고 한다. 그 말인즉 인생의 주기에서 가장 왕성한 시기 전부를 집 사는 데 필요한 돈을 모으기 위해 쏟아부어야 한다는 말이다. 동시에 인생의 중요한 시기를 보내면서 〈내 집〉이라는 그 공고한 안정감을 느낄 수 없다는 말이기도 하다. 나는 〈빌린 집〉에서 우울한 미래를 그리며 일단은 버텨 볼 뿐이다.

  서른두 살이 되던 해 부모의 집으로부터 독립한 나는 예산에 맞춰 적당히 괜찮은 집(이라고 말하지만 방)을 빌리고 그 안에 적당히 어울리는 가구와 소품을 사서 넣었다. 6개월에 한 번씩 집 근처 요가원 정기권을 구매하고 매달 공과금을 이체하며 시간이 없어서 읽지도 못하는 책들을 부지런히 주문해 쌓아 둔다. 나의 빌린 집에선 세상의 속도보다 비교적 내게 맞추어 돌아간다고 착각하게 만드는 자본주의의 시계가 조용히 돌아간다. 샀던 것을 뜯고 살 것을 궁리하며 살 수 있는 것을 꿈꾸는, 내가 빌린 집. 그래서인지 나는 집을 떠올릴 때마다 생각나는 이미지가 있다. 지그문트 바우만이 『액체 현대』에서 언급한 항공기의 모습이다.

> 〈가벼운 자본주의〉 항공기에 탄 승객들은, 조종실이 텅 빈 상태로, 비행기가 어디로 날아가고 어디에 착륙하며 누가 공항을 선택해야 되는지, 또한 도착할 때까지 승객들의 안전을 책임지는 규정이라는 것이 있기는 한지 등등의 정보를 〈자동 운항〉이라 적힌 정체 모를 블랙박스로부터 알아낼 방도가 전혀 없다는 공포를 경험한다.*

* 지그문트 바우만, 『액체 현대』, 이일수 옮김(서울: 필로소픽, 2022), 137면.

나는 내가 탄 항공기가 괜찮은지 모르겠다. 그저 남들이 같이 타고 가니까 몸을 싣고 있을 뿐이다. 내겐 항공기를 조종할 능력도 항공기에서 뛰어내려 탈출할 용기도 없다. 아직은 잘 날아가고 있는 것처럼 보이니까 잠깐이라도 마음의 평정을 찾고자 노력할 뿐이다. 이를테면 초감 트룽파 스님의 아포리즘을 외운다거나 눈을 질끈 감고 명상을 해 본다거나 어려운 요가 자세를 하며 온통 몸에 집중하는 것이다. 이곳에서 온전한 내 것은 몸뿐이라는 자본주의가 새롭게 판매하는 그 〈진실〉에 가 닿으면서 말이다. 나는 요즘 국가 차원에서 개인의 정신 건강을 지원하는 행사를 많이 벌인다는 걸 안다. 나 역시 예술가 지원 정책의 하나로 네 번의 심리 상담을 받았다. 하지만 내게 매칭된 심리 상담가는 〈결국 늙으면 외로우니 여자는 젊을 때 결혼하는 게 좋다〉는 말을 다양한 문장으로 변주해 여러 번 전했다. 나는 사회가 정해 둔 질서 때문에 마음이 힘든 건데, 그녀는 이전에 우리가 나눴던 대화는 까맣게 잊은 채 자신의 남편이 얼마나 자기에게 헌신적인지(동시에 얼마나 유쾌한지), 자기를 명문 대학교에 보내기 위해 부모님이 얼마나 애를 쓰셨는지 등을 내게 수다스럽게 쏟아 냈다. 그녀 덕분에 내 마음을 위로하는 데는 명상이 더 낫다는 판단을 내릴 수 있었다. 때로 정부는 국가적 재난 앞에서 진실 규명도 하기 전에 피해자, 유가족의 트라우마 관리를 지원하는 행보를 보이곤 한다. 피해자의 정신 건강을 지원하는 가장 첫 번째 단계는 그 잘못을 누가 왜 했는지에 대한 명백한 진실 규명이다. 하지만 근 몇 년간 내가 목격한 사회적 재난 앞에서 정부는 책임자를 밝히지 않았고 아무도 벌받지 않았다. 어떤 잘못으로 수백 명이 목숨을 잃어야 했는지 밝혀졌는가? 밝힐 의지가 있는가? 시민들이 올바른 진실을 공유하고 있는가? 지금 우리가 살기 힘든 이유를 마음속 불안이나 유년 시절의 불우함에서 찾고 치유하는 것도 중요하지만 그보다 먼저 우리 사회가 〈가라앉는 배〉, 〈자동 운항하는 항공기〉라는 것을 함께 인지하고 대안을 모색해야 하지 않을까?

나는 독립 후 첫 집에 여전히 살고 있다. 20대에는 학자금 대출을 갚으며 박봉의 어시스턴트 에디터, 인턴 기자 등을 전전하느라 독립 자금을 마련할 수 없었다. 부모로부터 경제적 독립을 할 수 없으니 자립은 꿈꿀 수 없었다. 그런 와중에 쌓인 여러 가지 갈등이 30대가 되면서 걷잡을 수 없이 불거졌다. 지금 생각하면 그냥 듣고 흘려 버려도 될 말들에 많이 괴로웠다. 같은 말이더라도 마음의 건강이 나쁠 때

들으면 한 인간의 공고한 토대가 빠르게 썩어 간다는 걸 느꼈다. 가족 중 유일한 여성인 어머니에게 나는 많은 것을 투영했다. 여성에게 당연하다는 듯 부과되는 가사 노동, 미기후처럼 보이지 않는 편견을 나는 가족 안에서도 부술 수 없었다. 당사자가 아님에도 그 고통을 넘겨짚고 오독하는 것 역시 폭력일 수 있는데, 나는 얼마간 오류를 저지르며 자신을 괴롭혔다.

 2022년 식목일 저녁 부모님과 늦은 오후 산책을 하던 길에 이제 독립을 하겠다고 선언했다. 〈집 나가면 고생〉이라고 손사래를 치던 부모님은 어쩐지 고개를 끄덕였다. 〈그래, 한번 해봐. 그리고 실패해도 괜찮아. 다시 돌아오면 되지.〉 내게 그 말은 선물 같았다. 든든한 말 한마디가 있었기에 가끔 외로운 독립 준비도 추진력을 얻을 수 있었다. 빌린 집에서 나는 한때 괴로웠던 찰나보다 언어로 표현 불가능한 사랑의 순간들을 더 또렷하게 되새김질하게 됐다. 가족은 멀어져야 화목하다는 조금은 해학적인 그 말이 어느 정도 공감이 된다. 서로의 시야를 확보할 만한 거리. 인간과 인간이 너무 가까우면 상대의 얼굴도 표정도 볼 수 없다. 멀지 않은 거리에서 바라보아야 어떤 공간에 어떤 자세로, 어떤 표정으로 그가 서 있는지 알게 된다.

지금 살고 있는 집을 보자마자 가계약했다. 동네 시세도 둘러보지 않은 채 급하게 밀어붙인 결심은 언젠가 후회하게 될지도 모른다고 생각했으나 운이 좋게도 아직 그런 적은 없다. 이 집은 복층이다. 일반적인 복층 오피스텔과 달리 2층의 층고가 높아서 일종의 다락방이 하나 더 있는 셈이다. 나는 독립하기 전에 꼭 있어야 할 공간을 머릿속으로 그렸다. 창문이 많을 것, 책을 읽고 글을 쓸 널찍한 테이블을 둘 수 있을 것, 요가를 마음껏 할 수 있을 것, 글 쓰고 잠자는 공간을 분리할 수 있을 것. 네 가지 요소가 충족되는 집이었다. 게다가 창문이 비스듬히 경사져서 독특한 분위기를 풍겼다. 겨울에는 경사 창에 눈이 쌓이고 여름에는 빗줄기가 시원하게 타고 내려간다. 가끔 경사가 시작되는 곳에서 빗물이 새기도 한다. 집에서 가장 커다란 창밖으로는 아이들이 노는 놀이터와 담쟁이에 자란 장미, 그리고 집을 정원처럼 가꾸는 어느 주택의 모습이 눈에 들어왔다. 작은 주택들이 옹기종기 모여 있는 뒤로 큰 산이 어렴풋이 보였다. 초록의 이미지들이 〈여기서 한번 살아 보자〉는 마음을 한층 더 강렬하게 만들었다. 처음 이 집을 보러 온 날 공간이 지닌 아늑함이 기억난다. 상아색과 흰색 그 중간쯤 되는 벽, 타일, 창틀, 붙박이장 그런 것들이 내게는 뭐든 그려도 되는 빈 캔버스처럼 느껴졌다.

 나는 가장 큰 창문 앞에 본가에서 들고 온 코스트코 대형 야외 테이블을 놓았다. 그 위에 매일 이상한 책들을 가득가득 쌓아 놓고 읽는다. 때로 모든 걸 바닥에 내려놓고 좋은 사람들과 술을 마신다. 창이 많은 집이라 설거지할 때, 전자레인지에 냉동식품을 돌릴 때 밖을 오랫동안 쳐다볼 수 있다. 그러면 무엇이든 읽고 쓰게 된다. 복층으로 올라가는 계단 아래엔 두꺼운 책 기둥이 네다섯 개쯤 자라고 밖에서 고된 일에 지쳤을 때, 퇴직금을 떼였을 때, 일로부터 소외됐을 때 그 기둥들은 나를 다독이고, 언젠가 후안무치한 인간들에게 복수할 수 있으리라 위로한다. 늦은 밤에는 오래전 세상을 뜬 작가들이 삼삼오오 곁에 모여 조금 따뜻한 눈빛으로 나를 지켜본다. 아주 가끔 그들은 문장을 선물한다. 집에서 나는 새로 배운 춤을 사정없이 연습하거나 시르사사나라는 요가 동작을 하다가 바닥에 나뒹굴어도 괜찮다. 무더운 날엔 집에 오자마자 현관 앞에서 옷을 싹 다 벗어 버려도 된다. 이리저리 마음이 분주하다가도 스위치를 내리듯 신경을 다 끄고 2층으로 갈 수 있다. 침대밖에 없는 다락에서 하늘을 보다가 잔다. 오스트리아 건축가 크리스토퍼 알렉산더는 자신만의 영역을 갖지 못한 누군가에게 공공의 삶에 기여하기를 바라는 것은 〈물에 빠진 사람이 다른 사람을 구하기를 기대하는 것〉과 같다고 말했다. 비록 빌린 집이지만 나는 독립한 이후 예전보다 〈나〉를 잊고 행위에 몰두할 수 있다. 예를 들면 청소하고 책을 읽고 밥을 하고 글을 고치고 새를 그리고 기타를 치고 머리 서기를 시도한다. 내가 누구인지, 무슨 직업을 가졌는지(때때로 직업이랄 게 있는지), 무슨 역할을 해야 하는지 내려놓고 행위에 몰두할 수 있다. 크고 작은 행위를 이어 가다 보면 생명을 적극적으로 전유해 간다는 느낌을 받는다. 그런 느낌이 충만할 때 비교적 더 나은 글이 나오고, 그것을 읽어 줄지 모를 한 사람의 얼굴이 더 또렷해진다. 찰나의 지옥과 찰나의 천국이 번갈아 일상을 흔든다. 언젠가 혈연보단 결연을 나눌 수 있는 사람들과 자동 운행 중인 항공기 밖으로 뛰어내릴 수 있을까? 우리에겐 낙하산이 없을 수도 있지만 동시에 밖은 땅이 없는 곳일 수도 있다.*

---

* 〈깨달음은 비행기 밖으로 떨어지는 것과 같다. 나쁜 소식은 낙하산이 없다는 것이다. 좋은 소식은 땅이 없다는 것이다.〉— 초감 트룽파.

창의적인 훼손

내가 사는 동네에는 지척에 작은 공원이 사방으로 있다. 강아지와 산책하기에 더없이 좋은 환경인데, 겁쟁이 내 강아지는 그중에서도 포장이 되지 않아 자전거나 유아차, 개모차, 휠체어 등 바퀴 달린 이동 수단이 다니지 않는 공원을 자신의 산책길로 택했다. 토토가 택한 산책길은 작은 공원이지만 한반도 최초의 볍씨 재배종 〈가와지 볍씨〉가 발견된 일대로 애초에 야트막한 동산 그대로를 공원으로 구성한 곳이어서 버티어 선 굵고 키 큰 나무들이 땅의 원주인임을 알 수 있고, 나무 중에는 씨알이 굵은 열매를 매다는 상수리나무가 제법 군락을 이루고 있기도 해서 간혹 청설모나 다람쥐를 만날 수도 있었다. 몇 그루 안 되지만 봄이면

벚나무 한 개체에서 피어오르는 꽃송이가 만만치 않아 축제니 하는 곳에 구태여 가지 않아도 봄 기분을 낼 만큼이고, 바람에 때를 잘 맞추면 운 좋게 꽃비를 맞을 수도 있다. 산수유나 매화, 개복숭아, 산딸나무도 있어 꽃마다 생김이 다르고, 날이 무더워지기 시작하면 한쪽에서 산수국이 파란 군락을 이룬다. 나무 둥지를 부리로 콕콕 쪼아 대는 딱따구리나 머리 뒤에 새파란 꽁지를 드리운 물까치의 실물을 본 것도 이 동산에서였다. 몇 년 전까지만 해도 그렇게 풍성했다.

최근 급격히 노화해 버린 동산의 모양새는 자연의 리듬이 아니다. 더는 다람쥐나 청설모도 찾아오지 않는데, 금해 봐야 치졸한 욕심을 일일이 감시할 수도 없어서 가을이면 주머니며 봉투 따위 한가득 그들의 먹이를 모조리 쓸어 담는 사람들 때문이다. 그들은 그마저도 조급한지 미처 영글지도 않은 열매를 차지하기 위해 나무를 차고 흔들어 대는가 하면, 드문드문 섞여 있는 밤나무에는 아버지일 남자가 나무 위에 올라가 나무 아래 할아버지의 손을 잡고 선 아들을 향해 밤송이를 떨어뜨려 대며 화목한 가정의 표본이라는 듯 웃어 대기도 한다. 〈이렇게 다정한 아버지 봤냐〉, 〈이게 바로 산교육이다〉와 같은 뿌듯함마저 묻어 있는 그 웃음에 기가 막힐 지경이다. 떨어진 열매를 주우려면 낙엽이 방해되기에 쌓인 낙엽을 싹싹 쓸어 대니 민둥산이 되는 건 삽시간이었다. 비 오기 전이면 부엽토가 쌓인 검은 땅에서 기어 나오는 지렁이가 어찌나 길고 굵든지 사람들의 발에 밟힐까 봐 여간 마음이 쓰이지 않았는데, 이걸 본 어떤 이들은 또 아주 제대로 스티로폼 박스까지 가져와 지렁이를 캐 가기도 했다. 올망졸망한 돌도 제 정원을 장식할 요량인지 들고 가는 이도 있고, 축축 늘어지는 꽃나무의 가지는 꽃을 셈으로 잘라가는 거겠고. 사람들은 그렇게 제집으로 저 작은 동산의 온갖 것을 퍼다 날랐다.

매번 좋은 마음으로 산책길에 나섰다가 언짢은 마음으로 돌아온다. 몇 년 전부터는 맨발 걷기가 유행이라고 했다. 사람들은 삼삼오오 모여서 신과 양말을 벗고 한 손에는 물병을 들고 맨발 걷기를 유행시킨 모 박사의 방송을 크게 청취하며 동산을 빙빙 돌았다(계엄 이후로는 시사 방송을 청취하는 추세다). 하나같이 이어폰은 사용하지 않는다. 뭐 이해할 만했다. 문제는 행정이 개입하면서다. 지난여름 장마를 앞둔 어느 날 갑자기 공원은 공사를 시작했다. 기어이 〈맨발길〉을 조성하겠다는 것이었다. 말했듯 이미 공원은 그 자체로 흙길이었고 그편이 〈자연〉스러웠다. 그런데 맨발길을 조성하겠다며 고운 황토를 사다가 길에 뿌리기 시작하더니 어떤 날은 상수리 언덕의 흙마저도 일부 퍼서 외부로 옮기기도 했다. 흙을 가져오기 위해 흙을 버려야 하는 게다. 예고된 장마 앞에 성급하게 시작한 공사는 비를 이길 재간이 없어 중단되었고 보드라운 흙은 비를 만나 신나게 쓸려 내려갔다. 장마가 끝나고서야 공사는 재개되었고 그동안 파헤쳐져 있던 길에 다시 흙을 사다 만들어 놓은 맨발 길은 그저 나무와 풀의 자리를 적당히 베어 내고 흙을 냅다 부어 놓아 이게 뭔가 싶었는데, 거기에 3억 원을 들였다는 국회의원의 펼침막이 우쭐거리며 나붙어 있다. 더해서 맨발 족을 위한 세족장을 조성하려고 원래 있던 약수를 끌어다 앉아서 발을 닦을 수 있도록 의자 몇 개를 놓고 수도꼭지를 달았는데, 신발 보관함과 함께 그것은 말 그대로 철제함, 자연의 얼굴과는 너무도 다른 흉물이 따로 없다. 경관이나 미관과는 거리가 먼 이 조성이 주민들에게 마냥 만족스럽기만 할까? 3억 원의 예산을 쓰는 게 행정이고 복지라면 차라리 늘 하던 대로 보도블록이나 뒤엎고 놀이터 바닥이나 교체하는 편이 낫겠다 싶었다(실제로 주변 공원은 놀이터를 끼고 있는데, 그 바닥의 재질이나 놀이기구는 곧잘 바뀐다. 어린이를 키우는 사람이 아니라 함부로 말하기 어렵지만 사용자의 안전이 우선인지, 예산 편성이나 소진 혹은 모종의 유착 관계가 우선인지 의심을 거두기 어렵다).

자, 이제 맨발길을 만들어 놓으니 맨발의 권리는 기세가 등등하다. 행정은 길을 두 동강 내어 분리선을 만들고, 맨발길로 명명한 곳에는 반려동물이 걷지 못한다는 규칙을 만든 것이다! 맨발로는 동물과 함께 걷지 못한다는 것은 누구의 생각일까? 경악스러웠지만 어찌 되었든 무턱대고 지키지 않을 수도 없는 노릇이라 맨발길을 침입하지 않으려 무척 신경을 써야 해서 늘 다니던 길을 일일이 안내 표지를 보며 걷기에 이른다. 그러던 중 어떤 이로부터 드디어 〈여기는 개가 들어오면 안 된다〉는 말을 듣게 되었다. 잠자코 그 말까지 삼킬 수는 없었던 내가 한 말이란 건 고작 허용된 길만 딛고 왔노라는 항변이었다.*

---

* 새로 나붙은 글자들을 놓치지 않으려는 나 같은 부류도 있지만, 대체로 매일 걷던 길을 안내문을 살피며 걷는 이는 드물다. 맨발길 조성 이후 개를 데리고 걷는 사람들이 꾸지람을 듣거나 호통을 당하는 모습을 종종 보게 되는데, 안내문을 미처 보지 못했다는 변명은 누군가의 화를 누그러뜨리지는 못하는 듯 보였다. 건강을 위한다며 맨발 걷기를 택해 놓고는 그리 화가 많아서야……. 아, 물론 맨발 걷기를 하는 모든 이가 다 그런 것은 아니다. 다정한 맨발이 훨씬 많다.

때로 미처 눈에 띄지도 않던 것들이 나와 눈을 마주할 때가 있다. 그건 되레 내가 그들의 주변이었다고 생각하게 하며 나의 걸음을 조심스럽게 만드는 겸양을 알려 준다. 그럴 때 나는 전혀 새로운 존재가 된다. 그런 사유를 나는 안희연의 「당근밭 걷기」로부터 찾은 바 있다. 시와 함께 졸고의 부분을 옮겨 본다.

여기서부터 저기까지가 모두 나의 땅이라 했다. 이렇게 큰 땅은 가져본 적이 없어서. 나는 눈을 감았다 뜬다. 있다.

무엇을 심어볼까. 그게 뭐든 무해한 것이었으면 좋겠다. 눈을 감았다 뜨면, 무언가 자라기 시작하고. 나는 기르는 사람이 된다.

주황은 난색(暖色)이에요. 약동과 활력을 주는 색. 그는 머잖아 내가 당근을 수확하게 될 거라 했다. 나는 내가 바라온 것이 당근이었는지 생각하느라 잠시 휘청했으나

아무도 눈치채지 못할 만큼 미세한 쏟아짐이라 믿었다.

하지만 당근은 보고 있었네. 나의 눈빛. 번뜩이며 나를 가르고 간 것.

나의 당근들, 흙을 파고 두더지를 들였다. 눈을 가졌다.

자루를 나눠드릴게요. 원하는 만큼 담아 가셔도 좋아요. 혼자 먹기 아까운 당근들, 수확의 기쁨을 누리며 떠나보낸 땅 위에서

이제 내가 마주하는 것은
두더지의 눈

나는 있다

달빛 아래 펼쳐지는
당근밭

짧은 이야기가 끝난 뒤
비로소 시작되는 긴 이야기로서*

* 안희연, 『당근밭 걷기』(파주: 문학동네, 2024), 34면.

너른 땅을 앞에 두고 눈을 감았다 떴을 때, 땅은 거기 〈있다〉. 이때 발견되는 것은 단지 거기 있는 땅이다. 그 땅에 무얼 심고 기르자 그 무엇이 나를 〈기르는 사람〉으로 만든다. 그것은 심기와 기르기라는 나의 행위를 추동하는 방식으로 거기 있다. 이제 거기서 나를 본다, 당근이. 당근은 내 의사와 상관없이 두더지를 들였다. 당근은 자랄 대로 자랐다. 그래서 〈당근밭 걷기〉라는 행위가 일어난다. 나는 이 〈걷기〉를 walking 아닌 harvesting으로 읽기를 제안하는데, 당근 걷이 이후 당근은 없지만 땅은 이제 내내 당근밭이고(다른 작물이 오기 전까지, 혹 누군가에게는 언제까지나), 당근이 없으니 숨어 있는 두더지는 나와 눈을 마주한다. 두더지의 눈이 나를 〈있게〉 한다. 정리해 보자. 당근밭 걷기 이후 당근밭이 된 땅에서 두더지의 눈이 드러나고 이제 두더지와 나는 관계의 가능성을 확보한다. 두더지는 내가 마주하기 두려워했던 것인데, 어떤 이야기를 만들어 갈 행위자이자 나를 확인하게 하는 조응 관계로서 두더지의 눈을 이제 더는 피할 수 없게 된 것이다. 바로 〈응시〉의 순간이다.

이 시에서 진짜 이야기는 아직 오지 않았다. 이 시는 당근이 없고 난 뒤에야 당근밭이 된 땅, 당근을 걷고 난 뒤에야 보이는 두더지의 눈만 남은 당근밭이란 공간에서 일어날 앞으로의 이야기를 기다린다. 막연한 희망을 약속할 필요도 없이 시인은 그저 기다릴 뿐이다. 그렇다고 결코 당근이 중요하지 않은 것이 아니다. 모든 일은 당근밭 걷기 이후 가능했으니까. 땅은 다음 해의 작물을 위해 자정과 자생을 할 것이라는 막연한 상상을 할 수 있는 건, 거기에 당근이 있었고 당근이 두더지를 들였기 때문에, 그런 땅이라서 가능한 〈지속성〉이다. 그러니까 이 시는 〈이미 더는 아님schon nicht mehr에서부터 그래도 아직 immer noch에로〉를 완벽하게 실현하고 있는 셈이다.*

구분을 하니 금지가 생기고 그건 한쪽의 주장에 대한 근거가 되며 배타적인 다른 쪽을 만들어 낸다. 저 확연한 맨발길의 구분 선 앞에서 누군가는 갑자기 자기만의 것이 된 권리를 움켜쥐려 애쓰고 다른 종과 함께 걷는 누군가는 눈치를 봐야 한다. 어떤 것들은 걸어 낸 후에야 진실로 마주하게 되기도 하는데, 시인이 마주한 것은 거기에 있는지도 몰랐던 두더지의 눈이었다. 두더지의 눈은 그가 거기에 있다는 사실을 알려 줌과 동시에 화자의 존재를 생성하는 응시의 눈

* 황유지, 「걷은 후에 비로소 있다」, 『포엠피플』, 2025년 여름호, 29면.

이기도 하다. 그러나 정반대의 걸어 냄도 있다. 걷고 나니 그것은 어느 한쪽의 권리에 대한 근거로 호출되고 개들은 갑자기 걷던 길을 돌아가야 한다. 그런 걷기(walking이기도 하고 harvesting이기도 한)는 온통 오염과 훼손, 즉 죽음을 향한다.

    사람의 손이 닿은 곳마다 추레하고 조악하다. 내가 사는 집 앞 공원의 걸어 낸 자리에는 그렇게 구분하고 차별을 파생하는 〈인간성〉이 돌올하게 떠오른다. 3억 원짜리 창의적 훼손이다.

4관
안산

참척과 나르시시스트

 슬픔은 영어로 grief, 그 어원은 gref로 〈무겁다〉는 뜻이다. 슬픔은 저마다의 무게를 가진다. 그리고 그것은 무겁다. 참을 수 없을 만큼 무거워서 도무지 무게를 가늠할 수 없는 슬픔이 있다. 그런 슬픔은 바다를 압도한다. 그래서 가라앉을 수도 없다. 그것만이 침몰하지 않을 유일한 진실이다.

 러닝셔츠와 트렁크 팬티 바람으로 홀로 구조되던 선장의 뒷모습을 기억한다. 나는 그 뒤통수에서 생의 오욕을 보았다. 그 삿됨, 몰염치. 그것은 말하건대, 추(醜)다. 그의 구차한 탈출 앞에 생명은 누구에게나 공평하다는 말은 고분고분히 앉아 오지 않을 손길을 기다리던 304명의 생, 이제는 죽음이 된 그 무게와 결코 수평을 이루지 않는다. 거기에 더 높은 곳에 앉은 이들의 설명되지 않는 공백까지 더해져 배와 함께 전복되고 만 것은 우리가 믿어 왔던 모든 오염되지 않은 순백의 가치들이었다.*

예소연의 『영원에 빚을 져서』를 읽고 위의 원고를 쓴 날은 4월 16일이었다. 소설은 친구의 사고사 이후 남은 이들이 과거를 복기하는 과정을 서사의 축으로 하는데, 거기엔 또 다른 참사가 놓여 사고와 기억에 대한 윤리를 반복적으로 돌이키게 한다. 그리고 며칠 후 가경과 나는 안산에서 만났다.

기억교실에 들어가자마자 참을 수 없는 울음이 터져 나왔다. 우리는 함께 가서 각자의 속도대로 재현된 교실과 교무실을 돌았는데, 가경이 울음을 참지 못하고 화장실로 뛰쳐나가는 것을 보았다. 덕분에 나는 오롯이 교실에서 홀로 울 수 있었다. 방석과 등받이를 노란 뜨개실로 떠서 아이의 자리에 입혀 놓은 엄마의 마음을, 짐작조차 하기 어려웠다. 긴긴날들을 그렇게 한 땀씩 떠가며 그거라도 해야 견딜 수 있는 그 마음을.

안산교육지원청에 옮겨 놓은 기억교실 말고도 기억의

* 황유지, 「네가 되는 게임, 〈다시〉의 윤리」, 『현대문학』, 2024년 5월.

공간은 또 있었다. 오래돼 보이지만 정갈해 보이는 빌라와 주택 단지 사이로 꽤 낡은 건물의 4층. 친정같이 평안한 교회(교회 이름이 그렇다)와 재개발 사무소, 피시방 위에 〈4·16기억전시관〉이 있다. 교육지원청에 옮겨 놓은 곳이 학교라는 공적 공간에 대한 기억 조각이라면, 이쪽은 사적 공간, 아이들의 생활 일면을 짐작해 볼 수 있는 곳으로 보였다. 천장에 매달아 놓은 전시용 등에는 그 안에 필통이나 일상복 같은 아이들의 소지품을 수납하고 있었는데, 〈304〉라는 숫자에서 미처 드러나지 않던 개인이라는 존재가 불쑥거리는 듯했다. 단 하나 남은 실체처럼 그것들은 아이들과 가족들 사이, 그 머리 위에 드리워져 있었다.

그리고 거기엔 〈밥상 공동체〉가 있었다. 소중한 이를 떠나보내고 남은 자의 배가 고파올 때 그것은 치욕감을 주기도 한다. 〈산 사람은 살아야지〉라는 문장처럼, 등을 떠미는 손길로 누군가는 살아지기도 한다는 걸 알면서도 저 문장이 재촉하는 삶은 자주 충분한 애도를 기다려 주지 않는다. 그럴 때 함께 밥을 먹는 일은 이들이 서로를 살리고 건져 올리는 일이었으리라. 밥을 삼킨다는 것이 주는 죄책감, 죽음에 비해 참을 수 없는 산 존재의 가벼움, 그들은 그걸 서로 나누고 버티어 주는 중이리라.

어째서 그 외진 곳에 기억전시관이 있을까에 대한 답은 건물 2층의 피시방에 있었다. 아이들이 학교를 마치고 들러서 컵라면을 먹으며 재잘재잘 게임에 열을 올리던 곳. 그러니까 거기는 그들의 일상이, 누군가의 너무도 짧은 일생이 통과한 골목이었다. 고만한 아이를 키우는 일이 어떤 자잘한 행복과 소소한 다툼과 갈등으로 버무려져 있는지 나는 잘 알지 못한다. 그런 아주 보통의 하루는 어떤 그림인 걸까. 아이가 다녀갔을 피시방, 거기에 생의 줄을 매달고 한 땀 한 땀 방석을 떠가고 있을 부모의 마음은 어떤 것이어야 하는가. 거기서 컵라면이나 콜라를 먹고 마시며 게임에 몰두해 밥을 먹으러 오지 않는 아이를 혼냈을 그런 저녁에는 그러나 아이는 반드시 돌아왔을 텐데.

그 일대가 재개발 구역인 모양인데, 거기를 쓸어 버리면 부모는 또 어디에 실을 매달아야 하나. 참척(慘慽), 자식을 먼저 보낸 부모의 슬픔을 감히 헤아릴 수 없어 몹시 조심하며 짐작하여 써보는 말. 그 마음을 다 어쩌나. 우리는 그날 밥때도 놓치고 괜스레 이 골목 저 골목을 빙빙 돌았다. 어디로 가야 할지 몰랐고 그렇다고 남겨 두고 금세 벗어날 수도 없었던 그 길에서 마땅한 식당도 찾을 수가 없어서 우리는 걷다가 만난 편의점 테라스에서 맥주를 마시기 시작했다. 어떤 말도 쉽게 할 수 없는 날이었다. 어떤 마음은 경솔한 것일지도 몰라서 겁이 났다. 우리는 술을 더 마시기로 했다. 가경의 마음이 염려되기도 해 좀 더 같이 있어야겠다고 생각했다.

그날 나는 A에 관한 이야기를 알게 된다. 나는 A에게 부담을 주었다. 단 한 문장을 남기자면 그렇게 정리할 수 있으려나. 오래 사귀면서 보아 가는 것, 그런 시간과 경험 속에서 믿음을 갖게 되는 것 관계란 그랬어야 마땅했는데, 왜 나는 그를 〈프리 패스〉했던가. 〈인생 그렇게 깔끔하게 사는 거 아니야.〉 어느 드라마에서 들은 대사다. 어떤 행동들은 때로 매우 단정해 보일지언정 상대에게 모욕감을 안긴다. 그리고 그런 게 깔끔한 인간관계라서 내가 준 선물까지 돌려준 것이라면 그 이면도 그래야 했다. 그는 내 선생과 친구에게 왜 나를 부정하는 말을 하고 떠난 것일까. 그가 그렇게 떠난 뒤에도 나는 그에게 전화를 걸어 그의 안부를 챙기지 않았던가. 말을 털어놓는다는 게 내게 얼마나 힘든 것인지, 늘 홀로 무언가를 감당해야 했기에 그렇게 터놓는 일이 내게 얼마나 큰일이었는지. 그가 알 리는 없다. 그러나 내가 지금껏 그의 비밀을 함구하고 있는 것처럼 그도 그럴 것이라 어째서 믿었던 것일까.

　나는 어려서부터 이런 말을 너무 많이 들어 왔다. 〈네가 언니니까.〉 저 말은 뒤에 아무거나 갖다 붙여도 되는 마법의 구절인데 주로 참아라, 양보해라, 이해해라, 더 잘해라 같은 주문이 붙는다. 나는 이 말이 지금도 정말 싫다. 나는 언니여서, 언니라는 이유로 너무 많이 참아야 했고 씩씩해야 했다. 그런데 문제는 나는 또 그걸 한다. 그럴 때면 나는 내가 미워진다. 어려서부터 많이 들은 말 중에는 〈가만히 있어라〉도 있다. 나는 놀랍도록 조용하고 얌전한 아이였는데도 불구하고 이상하게도 그 말을 많이 들어야 했다. 엄마는 자주 손짓까지 동원해 저지를 하는 것이다. 생각해 보면 그건 내가 부산해서가 아니라 엄마의 머릿속이 그렇게 어지러웠던 것일 테다. 가라앉는 배 안에 내가 있었더라면 나는 아마 가만히 있었으리라.

　어떤 문장은 사람의 일생을 옥죈다. 그럴 때 자유를 위해 문장을 쓸 수도 있다. 내가 가장 자유로운 곳도 문장 안이다. 나는 내 생활 그러니까 학교에서 모임에서 술자리에서 씩씩하다. 크게 발표하고 큰 소리로 웃는다. 나댄다. 까분다. 눈치 보지 않는다. 대신 능수능란하지는 못하다. 내가 안산에서 본 것은 진실의 이면이었고 그것은 나에게 〈전복)이라는 단어를 다시금 각인시켰다. 한 사람에 대한 진실이 완전히 뒤집힌 날이기도 했다. 안산에 다녀온 지 벌써 일 년이 지났고 그간 나는 그저 A를 이해하려고 했었다. 그런데 그게 잘되지 않았다. 그래서 용서하려고 했다(용서라는 말이 어떤지 모르겠다. 그러나 관계를 저버리고 등을 돌리는 일이 문제가 아니라 나의 다른 관계를 헝클고 간 것은 잘못이라고 여긴다). 그런데 이 마음이 여전히 정리되지 않는다. 왜 나만 가만히 있어야 하는가, 이런 생각이 들기도 하는 것이다. 단원고 정문에는 이런 문장이 쓰인 펼침막이 걸려 있었다.

아무것도 하지 않으면 아무 일도 일어나지 않는다.

깊은 슬픔이 저 문장을 추동한다. 언젠가는 알아주겠지, 기다리면 해소되겠지, 하는 말은 때로 영 틀린 것도 같다. 가만히 있으면 바보가 되거나 죽을지도 모른다. 오해받았을 때 가만히 있으니 누군가는 오해를 사실로 확정해 버리기도 했다. 가장 깊이 가라앉지 않기 위해 지금 내게 필요한 것은 미워할 용기가 아닐까. 미움받는 데만 용기가 필요한 게 아니다. 그러나 함부로 미워할 수는 없기에 그의 행동에 대한 이해가 선행되어야 했고 나름으로 겨우 찾은 답은 이런 단어의 형태였다. 나르시시스트. 우리가 저마다 자신을 지키는 방향으로 삶을 진행하기는 하지만 나르시시스트는 타자를 제 삶의 도구로 삼는다는 차이가 있다. 이런 유형은 자신의 문제를 타자에게 투사하곤 하는데, 이 투사를 지켜볼 사람도 필요하므로 인간관계에서 삼각형 구도를 선호한다는 것이다. 삼각형 구도에서 투사의 대상은 영구적으로 고통받거나 제거 후 대체된다.

이 마음을 소진해 보지 않고서야 계속 끌어안고 살 수는 없겠다. 엄마가 듣던 조용필의 노래 중에는 이런 가사가 있다. 〈너를 용서 않으니 내가 괴로워 안 되겠다. 나의 용서는 너를 잊는 것.〉 종국에 미움은 잊음으로 갈음될 것이다. 정작 기억해야 할 것들의 자리를 위해 소모할 수 있는 것은 태워 버리는 것. 어떤 진실은 전복됨으로써 드러나고 어떤 관계는 침몰한다. 그리고 어떤 기억은 결코 침몰하지 않는다.

304명이 만든 교실

너의 교실

세월호 참사 이후 10년이 되어서야 처음으로 안산에 갔다. 그동안 그곳에 가지 못했던 두려움과 죄책감을 정면으로 마주했다. 그 뒤로 한 달 정도 시간을 보내며 마음을 진정시킨 후에야 초고를 쓸 수 있었다. 하지만 초고는 온데간데없이 사라졌다. 메일로, 메시지로 파일을 옮기며 몇 번이나 퇴고한 글이었다. 바탕화면에도 탐색기에도 흔적이 없다. 그 원고는 독자보다 먼저 울고 있었다. 파일이 사라진 게 오히려 잘 됐다는 홀가분한 마음으로 다시 쓰기로 했다. 그때보다 좀 더 명료해진 머릿속엔 안산에 대한 하나의 이미지가 남아 있다. 봄날의 텅 빈 교실. 내가 안산에서 가장 천천히 걸었던 곳도 아이들의 교실이었고 세월호 참사를 잊지 않기 위해 타인들과 모였던 곳도, 중요한 것을 배우는 교실처럼 느껴졌기 때문이다.

4월 어느 날 유지와 4·16기억전시관 앞에서 보자고 약속했다. 나는 고잔역에 내려서 그곳까지 걸어갈 요량으로 조금 일찍 길을 나섰다. 조용하고 한적했다. 무르익은 봄날답게 하늘은 맑고 적당한 훈기가 돌았다. 불현듯 조현철 감독의 영화「너와 나」속 공간이 떠올랐다. 영화는 아름다웠다. 햇빛이 모든 사람을 덮고 있는 장면의 연속이었다. 나는 조용한 영화관에서 사랑한다는 속삭임을, 사랑의 장면을 가득 마주하며 울었다.

영화는 우리가 사랑을 사랑이라는 단어로 명명하기 전, 그저 좋아하는 순수한 감정을 만끽하던 시절로 데려간다. 나는 스크린 너머에 있지만 영화 속 주인공과 함께 봄날의 아지랑이를 느끼는 것만 같았다. 그 아지랑이는 성별을, 종을 뛰어넘고 산 자와 죽은 자의 구분까지 뛰어넘어 그저 좋아하는 열렬한 마음, 사무치게 그리운 마음, 행복했으면 하는 마음을 줄줄이 엮어서 데려온다. 그 순간 이 영화가 어떤 장르의, 어떤 내용의 영화라고 말하는 것이 의미가 없어졌다. 그냥 우리의 가장 따뜻했던 날을 꺼내어 각자의 영화관에서 상영할 뿐이었다. 영화 속 두 주인공인 하은과 세미는 서로 좋아하는 사이로 그려진다. 둘은 진돗개 한 마리에게 주인을 찾아 주고 앵무새를 끔찍이도 어여뻐하고, 그만큼 서로를 귀여워하고 좋아하다가 한 명이 수학여행을 떠난다. 〈잘 가〉, 〈잘 갔다 올게〉, 〈갔다 오면 얘기해 줄게〉, 〈진짜 간다?〉 이런 말을 주고받다가 어렵게, 어렵게 서로를 보내기까지 오랜 시간이 걸린다. 세미는 아끼는 앵무새에게 〈언니 갔다 올게〉라는 말을 남긴다. 사랑하는 사람을 보내 주기 싫은 마음이 온몸으로 느껴졌다. 안산의 길을 걸으며 그 영화를 계속해서 생각했다. 〈잘 갔다 올게〉, 〈다녀와서 만나〉 그런 일상적인 인사말들이 노래의 후렴구처럼 귓전에 맴돌았다. 나무와 꽃이 많고 강아지들이 산책하기 좋은 길들이 이어졌다. 그곳은 현재의 감각을 잊게 했고 어느새 영화 속에서 하염없이 걷는 누군가가 된 것 같기도 했다. 그렇게 가장 기쁘고도 가장 슬픈 한때의 산책을 마치고, 4·16기억전시관, 그중에서도 학생들의 교실을 그대로 재현한 기억교실에 도착했다.

 실제 단원고등학교 교실에 마련된 장소는 아니었다. 추모 공간인 기억교실은 학생들이 다니던 학교에 존치하는 게 마땅하지만 유가족들과 다른 학생, 학부모, 학교 등 여러 입장이 엇갈리는 과정이 있었다. 그 결과 단원고등학교가 아닌 안산교육지원청 자리에 새로운 기억교실이 마련됐다. 그곳에 살아생전 학생들과 교사들이 사용한 물건, 그들을 그리워하는 사람들의 엽서와 메모가 보존돼 있다. 그곳에 가기 위해 계단을 한 칸씩 밟는데, 내가 다녔던 학교에 가는 기분이었다. 가장자리가 금속으로 마감돼 있고, 얼음처럼 차가운 돌계단에서 넘어지기라도 하면 어김없이 시퍼런 멍이 생겼다. 친구들이 모두 사라지고 덩그러니 혼자 서 있는 복도가 떠올랐고 불쑥 익숙한 교실이 나타났다.

나의 교실

나는 교실을 떠올리면 친구들, 첫사랑, 무언가 새로운 걸 배우는 기쁨이 먼저 생각나진 않는다. 요즘도 가끔 학창 시절에 대해 말할 기회가 있으면 〈야만의 시절이었다〉고 일축한다. 학창 시절 동안 만난 몇몇 선생은 산에서 주워 온 나무 막대기, 출석부, 긴 자로 자주 때렸고 부지불식간에 꼬집고 손바닥으로 등을 때렸다. 나는 배고픈 짐승처럼 급식 시간만 되면 맛있는 걸 많이 받기 위해 맹렬히 뛰었고, 소위 〈일진〉들의 괴롭힘을 당하지 않기 위해, 〈왕따〉가 되지 않기 위해 끊임없이 눈치를 봤다. 평범하고 잘 나가는 무리와 어울리고 싶어서, 별문제 없는 애처럼 보이기 위해 노력했다. 부단한 노력 중에는 이유 없는 괴롭힘이나 따돌림에 문제를 제기하지 않고 묵인하는 비겁한 선택도 있었다. 그런 일들을 반추하면 교실은 그저 부대끼는 어떤 것일 뿐 마냥 아름답지 않다. 한편 이름만 들어도 알 만한 대학에 가기 위해 시험을 치렀으며 매 학기 내신을 끊임없이 챙겨야 했다. 나는 언니도 오빠도 없는 첫째였기에 불안과 부담은 오롯이 내 몫이었다. 매일 밀림에 사는 기분으로 대체 그 시험이 뭐길래, 몇몇 어른으로부터 시험 결과가 평생의 계급이 될지도 모른다는 협박을 받았다. 겁먹은 나는 그 시험에서 최소한 실패하지 않기 위해 노력했다.

어른들은 자주 내가 부지런한 학생이라고 칭찬했지만 그런 면모는 내게 강박과 같았다. 노련한 학업 컨설팅도 받지 않고 한 치 앞도 보이지 않는 현실에서 불안을 낮추는 가장 쉬운 방법은 그저 〈부지런한 것〉이었기 때문이다. 밤샘 공부와 가위눌림은 성적표의 숫자로 인쇄됐다. 그 숫자에는 천천히 터득하고 이해하는 시간은 포함되지 않았다. 다만 숫자가 어디에 위치하느냐에 따라 희비가 엇갈렸다. 더 일찍 독서실에 가고 더 많은 단어를 외우고 그래도 안 되면 더 비싼 학원에 다니며 부모에게 돈을 요구했다. 줄 세우기식,

무한 경쟁식 교육은 내 속에서 계속해서 충돌했고 그럴수록 난 더 불안한 사람이 됐다.

> 당신이 말한다.
> – 어디까지 가는지 봐.
> 나는 간다.
> – 여기까지 갔어.
> 당신이 대꾸한다.
> – 더, 더 이상을 가.
> 내가 간다.
> – 여기까지 갔어.
> 당신이 대꾸한다.
> – 더, 더 이상을 가.
> 나는 가지 않는다.*

이이체 시인의 〈동화〉라는 시다. 나는 이 시를 처음 읽었을 때 학창 시절이 떠올랐다. 당신들의 그칠 줄 모르는 요구. 당신은 학교 선생님, 학원 선생님, 부모님, 사회 시스템이

* 김경주 외, 이이체, 「동화」, 『시인의 책상』(서울: 알에이치코리아, 2013), 148면.

었고 내 속에 강박적인 자아도 한몫했다. 그때마다 나는 계속해서 간다. 무리해서 간다. 가야만 하는 줄 알고 간다. 그때 가지 않는 선택지도 있었다는 걸 알았다면 삶은 어떤 궤를 그렸을까? 그 당시 학원 선생님은 〈좋은 대학을 나오지 않으면 인생 망한다〉고 매일같이 겁을 줬지만 지금 나는 그리 망하지 않은 것 같다. 그 이상, 더 멀리 가는 것이 정답이 아니라는 걸, 어린 시절 나를 만날 수 있다면 꼭 말해 주고 싶다. 기억교실의 주인이었던 학생들도 그런 말을 들은 적 있을까? 기억교실과 관련한 책 『단원고 4·16 기억교실: 소중함을 남기고 간 아이들』을 보면 참사 직후 단원고등학교 〈순회 교사〉로 일했던 한 선생님의 글이 나온다. 그는 한국의 교육, 학교에 대한 근본적인 가치관, 〈앞으로 나아가야 한다는 생각〉으로 입시 전쟁이 치러지는 교육 문화에 대해 문제를 제기했다. 또 〈불편함에 가치가 있다면 불편함을 가르쳐야 한다〉고 말했다. 아마도 이는 혹자의 주장처럼 세월호 참사를 추모하는 일이 어떤 학생에게 중요한 입시 경쟁을 치르는 데 걸림돌이 될 수 있다는 말에 대한 반론이었을 것이다. 〈배움〉이라는 것은 여느 초단기, 족집게 과외처럼 신속하고 효율적으로 도래하지 않는다. 어렵게 돌아가고, 헤매고, 다시 길을 찾는 기다림 속에서, 그 답답함 속에서 어쩔 수 없이 마음에 흔적처럼 가라앉곤 한다. 그리고 우리 사회는 부정적인 일은 빠르게 잊고 〈일상〉으로 재빨리 복귀하는 것이 능사라고 생각하는 경향이 있다. 〈살 사람은 살아야 한다〉는 말은 부정적 감정을 덮든지, 숨기든지 개인이 알아서 처리하고 그저 〈일상〉으로 돌아오기만 하면 괜찮다는 착각이다. 고통스러운 기억을 불러일으키는 모든 단서를 제거하는 편협함. 일상이 고통과 동행할 수 없다는 그 잔인한 처사는 오히려 사람들을 분열 속으로 밀어 넣는다. 처참한 고통이 통증으로 완화되고, 통증이 불편함으로 불편함이 딱지로 서서히 변하는 과정이 지난하더라도 참아 낼 수 있는 능력이 필요하다.

2014년 4월의 교실

꼬리에 꼬리를 무는 생각을 뒤로 하고 계단을 올라가니 학급을 차례로 볼 수 있게 되어 있었다. 손때 묻은 책상과 걸상, 교탁, 칠판 등이 있었다. 학생 한 명 한 명의 얼굴이 그려진 액자가 책상마다 올려져 있었다. 그 옆에는 친구들이 보낸 편지, 부모님이 남기고 간 기억 속 물건, 꽃과 편지 들이 수북했다. 여러 학급에 걸린 달력은 하나같이 2014년 4월이었다. 시계가 가리키는 시간 역시 4시 16분이었다.

침몰하는 세월호 안에서 울려 퍼지던 〈가만히 있으라〉는 안내 방송. 지금껏 어른의 말을 잘 듣도록 교육받으며 체제 안에서 질서를 잘 따르도록 배운 사람들이 마지막으로 들었던 말이다. 나보다 더 나은 어른의 말을 들으면 이런 난제로부터 금방 구출될 수 있다는 어떤 믿음을 떠올렸다. 부모님들이 학생들에게 쓴 편지 앞에서 꾹꾹 참았던 감정이 터져 나왔다. 감정이 시키는 대로 눈물을 풀어놓는 것이 죄스러운 일인 걸 알면서도, 갑자기 왈칵 터져 나오는 것이 당혹스러웠다. 논리적인 생각과 가치관이 무너져 내렸고 눈물을 참기에 모든 것이 소용없었다. 기억교실에서 노란 조끼를 입으신 중년의 여성 안내원께서 곁으로 오셨다. 나를 한참 바라보시더니 궁금한 것이나 물어보고 싶은 게 있다면 근처에 있을 테니 편하게 말해 달라고 말을 건네셨다. 나는 눈물, 콧물을 흘리며 고개를 끄덕였다. 그리고 가만히 노란 조끼를 입은 등을 바라본다. 그는 매일 아침 노란 리본이 나부끼는 건물에 들어섰을 것이다. 작은 탈의실에서 겉옷을 벗고 노란 조끼를 꺼내어 입었을 것이다. 아이들이 그려진 액자를 보고 아이들을 기억하는 사람들의 그림을 보며 교실로 올라갔을 것이다. 오랜 시간 동안 추모 물품을 관리하고 먼지가 쌓이지 않도록 정갈하게 닦고 쓸었을 것이다. 그러다 몇 명의 사람을 마주했을 것이다. 그들은 천천히 교실을 둘러봤을 것이고 그들은 운다. 그들이 화장실로 갑자기 달려가 휴지를 한 움큼 끊어 코를 팽 푸는 소리를 들었을 것이다. 우는 사람들을 매일 보았을 것이다. 그곳의 시계는 모두 4시 16분, 달력은 모두 2014년 4월 16일이다. 가끔 기억교실에 아무도 오지 않는 날도 있었을 것이다. 사람들이 올 만한 시간이 됐는데도 아무런 발길이 닿지 않았을 수도 있을 것이다. 평소보다 더 무거운 그림자를 안고 집으로 돌아갔을 것이다. 나는 그런 일상을 되짚다가 또 눈물을 쏟는다. 휘몰아치는 어떤 것에 완전히 자신을 내맡긴 것 같다. 절대 느낄 수 없는 감정 앞에서 온몸이 떨린다. 10년이 지나서야 비로소 이곳에 왔다는 죄책감이 배가 되어 나를 짓눌렀다. 교실 뒤편의 게시판에는 대학의 등급이나 점수를 매겨 놓은 거대한 표가 많이 붙어 있었다. 그런 유인물 틈에서 한 편의 시를 찾아냈을 때 발목을 붙잡히지 않을 도리가 없었다.

그저 손 놓고 흘러가지 마십시오
현실을 긍정하고 세상을 배우면서도
세상을 닮지 마십시오 세상을 따르지 마십시오

작은 일 작은 옳음 작은 차이
작은 진보를 소중히 여기십시오

작은 것 속에 이미 큰 길로 나가는 빛이 있고
큰 것은 작은 것들을 비추는 방편일 뿐입니다

현실 속에 생활 속에 이미 와 있는
좋은 세상을 앞서 사는 희망이 되십시오*

박노해 시인의 시 「길 잃은 날의 지혜」였다. 이 시가 참사 전부터 붙어 있었던 것인지, 기억교실을 꾸리면서 새로 붙인 것인지는 모른다. 하지만 여길 오고 가는 사람들에게 건네고 싶은 이야기임은 틀림없어 보였다. 그 시를 읽으니 작은 노란 리본이 떠올랐다. 그것을 매고 다니는 사람은 전보다 많이 줄었다. 하지만 여전히 그것을 매고 다니는 사람들을 마주할 때 리본이 세월호 참사를 추모하는 것 이상의 의미를 지니게 됐다고 생각했다. 작게 매달린 리본을 보면 사고의 비약일 수도 있겠으나 세상의 따뜻함을 느끼게 된다.

* 박노해, 「길 잃은 날의 지혜」, 『사람만이 희망이다』(서울: 느린걸음, 2015), 65면.

〈저 사람도 여전히 세월호 참사의 정확한 책임자 처벌이 필요하다고 생각하고 있구나〉, 〈옳은 행동에 대해 고민하고 있구나〉, 〈잊지 않기 위해 애쓰고 있구나〉 하는 생각이 들면 슬퍼지기보다 돌연 마음이 든든해진다. 그래서 나 역시 여전히 가방에 노란 리본을 매달고 다닌다. 회사에 갈 때 지하철을 탈 때 누군가 이것을 보고 든든함을 느꼈으면 해서. 동시에 잊지 않는 사람들이 아직도 있음을, 우리는 계속해서 〈현실 속에 이미 와 있는 좋은 세상〉을 먼저 간 304명의 사람에게 꼭 선물하리라는 마음으로.

304명이 만들어 준 교실

많은 타인 앞에서 시를 소리 내어 읽은 첫 경험은 〈304낭독회〉에서였다. 세월호에서 돌아오지 못한 304명을 기억하기 위해 작가들과 시민들이 함께 만들어 가는 낭독회다. 매달 마지막 토요일 오후 4시 16분에 열리며 304회를 목표로 한다. 처음 그 낭독회에 갔을 때는 겨울이었고 합정의 어느 한 북 카페였다. 나는 그곳에서 세월호를 기억하며 쓴 「비질」을 소리 내어 읽었다. 그 시에는 의태어가 유난히 많아서 쏨이라는 단어를 열세 번쯤 연달아 발음하고 후드득이라는 말을 여러 번 말했다. 시를 소리 내서 읽는 낭독이 일

순간 말하는 이와 듣는 이, 그리고 공존하는 공간을 어떻게 휘어잡는지 똑똑히 목격했다. 또 몇몇 평론가가 가져온 글과 작가들의 시를 들으며 얼마간 얼굴을 들지 못할 죄책감을 느끼기도 했다. 304명 이후에 남겨진 사람으로서 사는 것이, 그리고 그 삶을 얼마나 잘 살아왔냐는 자문이 얼굴을 들 수 없게 만들었다. 또 누군가가 세월호를 떠올리고, 그에 대한 고통을 곱씹고, 계속 쓰는 사람으로 어떤 책임감을 지녀야 하는지도 배웠던 것 같다. 마지막으로 시가 있어야 할 자리에 대해 어렴풋이 느낄 수 있었다. 때때로 나의 시가 어떤 새로운 길로, 누구도 간 적 없는 길로 들어서길 간절히 바라지만 그것은 어떤 허상과 같다는 생각이 들 때도 있다. 시가 있어야 할 곳은 기억교실의 게시판과 같은 곳이다. 시가 필요한 사람들이 드나들 만한 길목에 그것의 무엇도 뽐내지 않고서 묵묵히 오래 기다리는 것. 우연히 그 시가 필요한 사람이 시 앞에서 가만히 머물다 갈 수 있도록 공간을 내주는 것. 그 공간이 일상을 살다가 시시때때로 생각나 다시금 그것을 감지하며 조용히 쉴 수 있도록 하는 것. 혹은 치열하게 눈물을 흘리고 울부짖다가 제풀에 지쳤을 때 그저 아무것도 아닌 글자로 남아 있는 것. 나는 304명의 사람들이 어떤 아늑하고 안전한 교실을 만들고 있다고 느꼈다. 그들이 만들어 준 교실에서 우리는 남겨진 사람으로서 해야 할 일을 함께 고민하고 배우며 계속 살아 낼 것이다.

5관
이태원

보이는 것보다 가까이 있습니다

이런저런 이야기들을 늘어놓다 보니 나의 저류에 흐르고 있는 것들, 그런 것들을 거쳐 내가 어떤 사람이 되었는지 조금 얘기를 하게 된 것도 같다. 나는 감각이 아주 예민한 편이다. 미세한 맛의 변화나 냄새를 잘 잡아채며 누군가가 나를 (어떤 의미로든) 만지는 것에 불편함을 느낀다. 소음을 잘 견뎌내지 못한다. 밀폐된 곳과 높은 곳 등은 상상만으로도 숨이 막힌다. 그러니 애초 이태원이라는 곳을 찾아갈 일은 드물고 그저 이태원이란 동네에 서너 번 약속이 생겨 가본 적은 있으나 그건 파티의 골목, 클럽의 성지 같은 것과는 거리가 먼 곳이었다. 나는 역시 사람들이 흔히 말하는 〈이태원〉을 잘 모르고 있었던 거다. 그저 내 취향과는 동떨어진 곳, 내게 이태원은 그렇게 멀었다.

후배가 이태원에 가자고 제안했다. 나는 춤 같은 것은 좋아하지 않는다고 했더니 그냥 술을 마시러 가도 좋다고 했다. 늦여름이었고, 온 나라의 소상공인들이 문을 닫아걸어야만 했던 코로나19의 절정도 이미 지난 참이었다. 그러나 대체로 그 이전처럼 돌아갈 엄두도 못 내는 상황이어서 이른 시각에도 많은 상점이 인력과 유지비를 감당하지 못해 폐점했고 시민들은 대체로 더위를 무릅쓰고 마스크를 고집하던 때였다. 나의 외출도 기념할 만한 수준이었다. 코로나19 때는 오염 강박이 활개 치며 살아난 데다 적극적인 손 씻기 권장은 손 씻기의 유혹을 늘 억눌러 오던 내게 좋은 명분이 되었다. 나는 드문드문하던 외출을 그마저도 하지 않고 우편물이나 택배 물품을 받은 후에도 철저하게 손을 씻어 가며 자발적 격리를 택했던지라, 정말 얼마 만의 외출인지 몰랐다. 그런데 해밀톤 호텔의 담벼락을 따라서 들어선 골목 3층 테라스에서 칵테일을 마시며 내려다본 골목은 기가 찼다. 팬데믹 시국에도 불구하고 술집은 하나같이 성업 중이었는데, 믿기지 않을 만큼 너무도 많은 사람이 모여 있었다. 거기만 다른 세상이었다. 골목 어귀에서 본 것과 테라스에서 내려다보는 조감은 또 다른 것이었다. 게다가 그들은 대부분 야외로 나와 있었다. 상점 안은 텅 비워 둔 채 모두가 골목으로 흘러나와 술을 마시고 춤을 추는 광경은 골목을 통째로 하나의 거대한 클럽처럼 보이게 했다. 거기 있는 누구도 마스크 따위는 외모를 가릴 뿐이라는 듯 착용하지 않았고, 하나같이 화려한 차림새였다. 하나로 엉켜서 춤을 추고 침을 튀기며 소리를 지르고 술을 뿌려 대는 모습을 보며 철저하게 위생을 관리하고 모임을 자제하며 팬데믹이 빨리 종식되는 데 힘을 보태는 시민의 한 사람으로서 묘한 배신감마저 느꼈다. 그날 내가 본 것이 사람들이 흔히 〈이태원〉이라고 부르는 거리였던 건데, 더는 있기 싫어서 금세 자리를 털고 일어섰다. 다시 해밀톤 호텔 담벼락을 줄서다시피 하여 빠져나오며 후배에게 물으니 원래 이런 곳이고, 코로나19 때문인지 오늘은 그리 혼잡한 편도 아니라고 했다. 나는 빨리 그곳을 벗어나고 싶었다. 이질감과 그보다 더 몰아쳐 오는 위험에 대한 불안(그건 엉켜 있는 숱한 타인이 만들어 내는 모종의 질식감과 그보다는 더 크게 코로나바이러스의 가시화라는 아찔함이었다). 그러다가 보았다. 사람의 무리를 피해 가며 지하철역 앞에 다다랐을 때 누군가 손에 들고 가던 술병을 떨어뜨렸고 그게 와장창 깨져 버리는 순간을(그가 손에 들고 걸어가며 마시던 것은 적은 용량의 클럽용 맥주 따위가 아니라 소주였다). 놀라운 일은 그다음에 일어났다. 그는 잠시의 머뭇거림도 없이 그냥 가던 길을 갔다! 어떡하나 하는 고민도 없이, 깨진 병을 한쪽으로 치워 두기라도 하려는 생각은 애초에 없는 듯했다. 그의 주저 없음에 놀라고 있을 때 더 경악스러운 광경이 펼쳐졌다. 이어 걸어오는 이들이 유리병 조각을 저마다 발로 차는 것이다. 평소만큼 붐비지 않는다고 하지만 아주 혼잡했고 많은 사람이 연달아 지나가고 있는 상황에 그런 일은 위험천만해 보였다. 유리 조각이 앞사람의 종아리라도 그으면 어쩐다는 말인가. 그러나 한 무리가 지나가자 다음 무리가 또 그렇게 하고 또 그렇게 밟아 대는 식이었다. 깨진 유리병은 그렇게 차이고 밟혀 금세 미세하게 분쇄되었다(오히려 그편이 더 안전해 보이기도 했다. 이것도 무슨 그 골목의 문화인가?).

내가 본 이태원의 모습이 어떤 사고의 예감일 수는 없다. 그러나 길 위에서의 압사라는 것은 어떤 죽음을 상상할 때 흔히 떠올릴 수 있는 목록이 아니다. 그저 거리 쪽으로 불쑥 배를 내밀고 서 있는 해밀톤의 벽이 어찌 그리도 가까이 있었던가, 그 생각만으로도 숨이 막혀 온다. 자동차 사이드 미러에는 이런 문구가 있다.

사물이 보이는 것보다 가까이 있습니다.

나는 이 문장이 무척 은유적이라고 여긴다. 이 문장은 모든 위험에 대한 경고문이면서 평온함의 기저에 도사리고 있을지도 모를 음험함에 대한 가능성을 미리 아는 자의 경고처럼도 읽힌다. 이은정이 쓰고 이지선이 그린 동화 『안녕, 그림자』에서 맞벌이하는 부모보다 아이에게 가까이 있는 것은 〈친절한 책방〉이었다. 정윤의 집과 학교를 가로지르는 유일한 길 위에 있는 책방엔 유독 여자아이에게 친절한 아저씨가 있다. 그는 초등학생들을 〈아가씨〉라 부르면서 살갑게 구는데, 여자아이가 혼자 있을 순간을 노린다. 그리고 어린 여자아이를 먹잇감처럼 탐하며 창고로 유인한 뒤 작은 몸을 만진다. 아이는 힘껏 도망치지만 부모님에게 말하지 못한다. 정윤은 딸이 성폭행당하자 범인의 집에 불을 지르고 교도소에 간 아버지의 이야기를 텔레비전에서 보았던 터다. 가정을 지키려는 노력, 그런 건 어른들만 하는 게 아니다. 아이들은 미숙하나마 제 나름으로 판단하고 부모를 더 무겁게 만들지 않기 위해 때때로 어떤 것들을 함구한다.

분홍 잔꽃이 가득 프린트된 블라우스에 허벅지 중간 길이의 멜빵 달린 청록색 플레어스커트, 하얀 에나멜 구두에 발목 부분에 레이스가 둘린 양말. 그날의 차림새를 기억한다. 따뜻한 봄이었고 3학년이던 나는 조부모와의 생활을 이제 겨우 시작한 참이었다. 집으로 가 숙제를 마쳐 놓고 노을 질 무렵이 되면 또 종이에 보고 싶다는 문장만 잔뜩 끼적이다 까무룩 잠들 거였다. 일주일에 한 번 오후 수업이 있던 날이었고, 나는 먼 곳으로 학교에 다녔으므로 긴 길을 걸어야 했다. 그 길 위에는 오가는 사람이 잘 없었다. 집 근처까지 가야 주택가가 나올까 어린아이가 한참을 걸어야만 하는 길은 정말로 믿을 수 없을 만큼 직선이었는데, 차가 다닐 수는 있지만 대중교통이 다니는 포장도로는 아니었고 그저 정말 길고 긴 길이었다. 오후 몇 시나 되었을까? 그런 시각에는 더 사람이 다니지 않았다. 나는 하염없이 걸어야 하는 등하굣길이 너무 고단했다. 그날도 집까지 언제 가나 하며 걷는데 어떤 아저씨가 다가와 내게 몇 학년이냐 물었다. 길 위에는 이제 아저씨와 나, 단둘이었다. 다소 마른 체격에 흰 얼굴, 약간 곱슬곱슬한 머리카락, 은테 안경, 약간 푸른색이 감도는 남색의 가벼운 점퍼 차림의 아저씨는 내 앞에 쭈그려 앉더니 이것저것 물었다. 이름이나 나이 같은 것들. 아저씨는 〈착하네, 이쁘게 생겼네〉 하며 내 옷에 대해서도 물었다. 이렇게 이쁜 것을 누가 사줬냐며 치맛자락을 만지작댔다. 어느새 아저씨의 손은 내 팬티 속으로 들어가 있었다. 나는 어쩌지도 못하고 얼어붙은 채로 누군가 그 길 위에 나타나 주기만을 기도했다. 그러나 야속하게도 그 길고 긴 길의 끄트머리에서 누가 나타날 기미는 없었다. 개미만 한 무엇이라도 보이기를 그 긴 길의 끝을 보면서 얼마나 바랐는지 모른다. 실제로 시간이 얼마쯤 지났는지는 모르겠다. 그저 영원이 있다면 그 비슷한 걸 거라 짐작할 뿐이다. 그 길에 사람이 올 리가 없으니 내가 소리를 지르는 것은 더 위험할 뿐이라고 나름대로 판단한 정도. 내가 무엇을 할 수 있지 않았다. 얼마나 지났을까, 아니면 지극히 짧은 순간이었을까, 모르겠다……. 그러다 멀리서 기적 같은 소리가 들렸다! 그 길은 좌우의 농가로 통하는 길이기도 했던 것. 경운기 소리였다! 아, 그러나 하필 경운기여서 그것은 내게 가까이 오려면 아직도 한참을 덜덜거리며 달려야 했다. 그래도 경운기는 아저씨를 쫓을 수 있었다. 아저씨는 나를 만지느라 옆에 내려 두었던 검은 봉투를 챙겨 들고는 가던 길로 유유히 걸어갔다. 그 봉지 안에 들어있던 것은 삼양라면 두 봉지였는데, 나는 그것도 참 이상하게 생각되었다. 다 큰 남자 어른이 한낮에 일터가 아닌 곳에서 검은 봉지에 라면을 두 개 사 들고 그렇게 다닌다는 것이 어린 내 눈에도 참 추레해 보였다. 아저씨가 봉지를 들고 가뿐하게 저만치 걸어갈 때까지, 그의 모습이 안 보이게 될 때까지, 나는 한 발짝도 움직일 수가 없었다. 눈물을 흘리지도 않았다. 다만 굳은 채로 딱 한 번 그가 간 쪽을 뒤돌아보았는데, 길의 다른 끄트머리로 빠져나가려던 그도 갑자기 내 쪽을 돌아보았다. 그는 그때 나를 향해 웃어 보였다! 나는 그러고도 한동안 거기 붙박인 채 서 있었고 그제야 경운기는 나를 스쳐 지나갔다. 나는 경운기를 모는 농부의 얼굴을 한참 바라봤는데, 뭔가 도움을 요청하고 싶었던 것 같다. 그 농부 아저씨도 나를 바라본 것 같았는데, 뒤는 잘 기억나질 않는다. 어떻게 걸어서 집까지 왔는지 기억이 없다. 다만 그 시각 직후부터인지, 그날 밤부터인지, 다음 날 아침부터인지 걱정이 몰아치기 시작했다. 나는 계속 그 길을 걸어서 등하교를 해야 한다는 것. 그것이 큰일이었다. 확실치는 않지만 다음 날은 할머니께 학교까지 같이 가달라고 했던 것 같다. 준비물을 사야 할 때 간혹 할머니가 같이 가서 사주곤 했기 때문에 할머니에게 그 정도 요청은 할 수 있었을 것이다. 그러나 집에 올 때는 도리가 없었다. 나는 그 길 위를 공포에 떨면서 걷고 또 걸어야 했다. 얼마나 그렇게 지냈을까, 매번 남자 어른이 지나가면 떨면서도 그들의 얼굴을 일일이 확인해야 했다(처음에는 무서워서 쳐다볼 엄두 같은 건 내지 못했다. 그런데 쳐다보지 않으니 그 아저씨가 아닐까 하는 두려움이 너무 커졌다. 그래서 얼굴을 확인하고 안심을 하는 편을 택했다). 한동안 그렇게 오돌오돌 떨면서도 부모님께 말할 수 없었다. 그걸 말한다고 치면, 엄마 아빠는 나를 그 길 위에 놓아둘 수 없을 터였다. 그런데 애초 그렇게 우리가 함께 지낼 수 있는 거였다면 이런 이별도 없을 것이 아니겠는가. 그렇다면 내 부모는 걱정과 아픔만 더 짊어지는 셈이 된다. 내 어린 생각으로는 그랬다. 그래서 말하지 않았다. 말할 수 없었다. 나는 결심하지 않았던가, 나까지 부모의 마음을 아프게 하는 일은 없어야 한다고. 내 엄마가 화를 내고 짜증을 내고 우는 것만 봐도 엄마는 이미 마음이 아픈 사람이란 짐작이 나름대로 있었다. 나는 그 길을 걸어 계속 학교에 다녔다. 나는 그걸 택했다. 그렇게 나도 조금은 마음을 놓을 수 있을 정도로 시간이 지났다고 생각했다. 이미 가을로 접어들고 있었으니까. 이제 그 길에서 아저씨를 볼 일은 없다는 확신이 들 무렵의 등굣길, 나는 자전거를 타고 멀끔한 차림으로 출근하는 아저씨를 보았다! 희고 깨끗한 점퍼에 양복 바지 차림으로 구두를 신은 채 자전거를 타고 가는 아저씨의 차림새는 마치 학교에서 본 선생님들의 차림을 닮아 있었다. 그래서 집에서 가까운 초등학교 선생님이 아닐지 생각했고, 그렇다면 가까운 학교에 추첨되지 않은 것이 운이 나쁜 것이기는커녕 더 나은 게 아닌가 싶기도 했다. 다음 해에 그 동네를 영영 떠나 다른 집으로 이사를 하면서 그 길과는 이별할 수 있었다.

그때 내게 그 아저씨가 생활 반경의 아주 가까운 곳에 있었던 것처럼, 정윤이 친절한 책방을 지나치지 않고는 집에 갈 수 없는 것처럼, 많은 범죄는 아주 가까운 곳에서 일어난다. 황정은은 자신이 친족간 성폭력의 피해자임을 고백한다.* 그를 언제까지나 봐야 한다는 것, 그를 볼지도 모른다는 것, 그를 피해서는 지금의 생활을 유지할 수 없다는 것과 동시에 〈그런 일〉을 고백하기 더 어려운 이유 중 하나는 제대로 된 처벌은커녕 그 일을 묵과하고 싶어 하는 가족 내의 암묵적인 입막음 때문이기도 하다. 특히 한국 사회에서 〈아들〉(나의 아들이거나 언니나 형의 아들, 동생의 아들 등등)의 장래가 달린 이 문제를 적극적으로 고발하고 처벌을 원하는 어른은 생각보다 많지 않다. 그들에게는 〈혈연〉,

* 황정은의 에세이 『일기』에 실린 글 「혼」은 애초에 그가 록산 게이의 『헝거』에 대한 원고를 청탁받고서 고민 끝에 써내려간 자기 고백이다.

〈집안〉 같은 개념과 〈너 하나만 참으면 되는〉, 〈이미 지나간 일〉 사이의 선택만이 놓인 것처럼 보이고 자주 그것은 전자를 택함으로써 후자를 강요한다.

〈가까운〉 이의 범죄 표적이 되는 일은, 적어도 여성에게는, 흔하다. 주변에서도 그런 사례는 얼마든지 있다는 것을 창작 강의 시간 혹은 그 뒤풀이에서 들은 것만 해도 수도 없다. 그러니까 어떤 책에서 읽은 것처럼 그런 일을 〈안 겪은 여자는 없다〉. 그러나 흔함이 그런 일을 정상화할 수는 없다. 대신 그걸 별일 아닌 것으로 만드는 일은 자주 있다. 비통하게도, 유사한 경험을 가진 이에게만 조심스럽게 털어놓을 수밖에 없는 이유가 거기 있다. 주변에 도움을 청할 때 우리는 이런 이야기를 듣곤 한다. 네가 오해를 살 만한 행동을 한 게 아니냐, 그 형이 그럴 사람이 아닌데, 너를 예뻐해서 그랬겠지, 잊어라. 그런 순간조차 지인이라는 이유로 과도한 중립을 지키려는 사람들은 그런 행위가 범죄라는 것을 인지하지 못하는 무지와 몰인식의 장본인들이다. 한국 사회에 흔히 그려지는 그림 중에 내가 퍽 이상하다고 여기는 것은 이런 장면이다. 어린 딸을 둔 아버지나 다 큰 여동생을 둔 오빠가 앞날을 상상하며 내 딸(여동생)에게 잘못하는 그들의 남자 친구를 가만두지 않을 것이라고. 혹 누군가는 결혼〈시킬〉 생각만으로도 그 녀석을 혼내 주고 싶다고 말한다. 그런 말을 할 때 그들의 모습은 자신이 그녀를 매우 사랑하고 아끼는 좋은 남성이라는 식이고 그런 모습은 그들에게 〈딸 바보〉, 〈동생 바보〉라는 애정 어린 별칭을 부여한다. 그게 우쭐댈 일인가? 내 눈에 그런 모습이야말로 여성 가족을 자신의 소유물로 여기는 것으로부터 발현되는 듯 보인다. 〈나의 것〉인 딸이나 여동생을 다른 남자가 탐하는 것이 견딜 수 없다는 저 사랑(이라 믿는)의 방식은 자칫 과도한 통제를 낳는 한편, 그것이 연인 사이에서 발현될 때 데이트 폭력의 기저가 되기도 한다.

여성 중에는 마동석 같은 몸을 가지길 희망하는 이들이 있다. 나도 그렇다. 마동석 같은 형사를 원하는 것이 아니라 나 자신이 그런 몸을 가지길 원한다. 그건 물리적으로 센 힘을 뜻하는 것이기도 하지만, 힘은 〈있는 것처럼〉 보이기만 해도 그 자체 힘이 된다는 것, 다시 말해 〈힘이 없으면 당한다〉는 것을 너무도 잘 알고 있기 때문이다. 그럴 때 여성이 소망하는 것은 우주 평화 이전에 안전한 일상이다.

사람에 의한 범죄라는 점에서는 이태원도 마찬가지다. 이태원의 저 벽은 너무 가까이 있었고, 그 벽 사이로 밀고 밀리는 숱한 밤들은 언제든 거기서 무슨 일이 일어나도 이상하지 않다고 말하고 있었던 셈이다. 정부 부처, 서울시, 용산구, 경찰 관계자, 해밀톤의 누구도 처벌받지 않았다. 소아 성애자이든 불법 증축물이든 범인은 언제나 생각보다 가까이 있다.

울면서 춤추기, 울면서 계속 쓰기

이태원은 첫 직장이 있던 곳이다. 해밀톤 호텔로부터 얼마 걷지 않으면 큰 대로변에 있는 빌딩이었다. 그곳에서 받았던 얼마 되지 않는 월급은 교통비로 다 썼지만, 그래도 돈을 받고 일한 첫 잡지사라는 점에서 의미가 있다. 나는 어시스턴트 에디터로 피처 에디터 선배들의 일을 보조했다. 면접을 보기 위해서 난생처음으로 이태원에 갔다. 길거리에는 말로만 듣던 빅 사이즈 옷들이 진열돼 있었고 자유분방한 외모의 사람들이 당당한 기세로 걸어 다녔던 그날의 풍경은 아직도 기억에 남았다. 투명한 회의실에 들어가 대학생 때나 지니고 있던 호기로움으로 면접 때 한껏 패기를 부렸던 것 같다. 아마도 아무것도 모르기에 무식함으로부터 나온 용기가 아니었을지. 아무튼 면접을 마치고 이태원역 개찰구에 카드를 찍는 순간 〈같이 일해 보면 좋겠다〉는 기분 좋은 문자를 받을 수 있었다. 회사 생활이라는 게 그렇듯 모든 일이 다 좋은 기억으로 남은 것은 아니다. 별별 악다구니들이 기억나지만, 그래도 선배와 포토그래퍼, 모델들과 새벽의 이태원 골목을 누비면서 화보를 찍는 경험은 당시로선 충격적이었다. 내 역할은 모델에게 히터를 쬐어 주거나 협찬받은 소품들을 정리해 다음 날 퀵으로 반납하는 그런 잡무였지만, 화보 작업을 하는 팀원 중 하나라는 사실에 도취할 정도였으니 말이다. 길거리에서 툭툭 사진을 찍는데도 어떻게 그리 멋진 사진이 나올 수 있는지, 모델뿐만 아니라 장소가 주는 낭만에 흠뻑 빠졌다. 그때 이후로 나는 뻔질나게 이태원을 돌아다니며 특유의 자유로운 분위기, 편견 없는 시선, 이국적인 간판과 공간을 흠모했다. 나는 이태원을 멋있게 만드는 그들처럼 되고 싶어서 귀여운 담배 가게에서 시가를 사서 피워 보기도 하고 아무 펍이나 들어가 혼자 맥주를 마시거나 외국 잡지만 취급하는 서점에 자주 들락거렸다.

   나는 20대 때 처음 클럽에 갔다. 홍대에 있는 유명한 대형 클럽이었다. 그때는 별생각 없이 짧은 치마에 코르셋을

죄는 옷들을 입고 다녔다. 첫 클럽에서 예상하다시피 나는 성추행을 당했고, 그때는 경황이 없어 잘잘못을 따져 묻지도 못했다. 굉장히 불쾌한 경험으로 남았던 그때, 같이 있던 언니는 이태원에 한번 가보자고 제안했다. 나보다 클럽 경험이 많은 언니는 너는 여기보다 이태원을 더 마음에 들어 할 거라고 말했다. 이태원의 모든 클럽이 그런 것은 아니지만, 그때 내가 갔던 곳은 크기는 홍대의 그것과 비교해 훨씬 아담했고 비교할 수 없을 만큼 좋은 음악이 흐르고 있었다. 그곳의 사람들은 홍대의 그들처럼 밑도 끝도 없이 밀착해 춤을 추지 않았다. 그들은 다양한 나이대였으며 각자 음악에 심취한 듯 보였다. 어리숙한 나는 그런 분위기가 더 쿨하고 멋있다고 느꼈다. 그 이후로 강남이나 홍대 등지의 클럽은 쳐다보지도 않고 오롯이 이태원의 작고 특색 있는 클럽을 찾아다녔다. 심지어 좋아하는 DJ가 플레이한다는 소식을 들으면 친구들과 삼삼오오 모여 찾아갔다. 멋있는 사람들은 트렌드에 맞춰 똑같은 옷을 입고 똑같은 헤어스타일을 한 사람이 아니라는 걸 깨달았다. 이태원 클럽에 동행하는 친구들과 공통으로 좋아하는 DJ 레이블이 있었다. 그 멤버 중 한 명은 잡지계에서 에디터로 일하며 훗날 직장 상사로 짧게 마주한 사람이기도 했다. 나는 그를 일터에서, 클럽에서 보면서 좋아하는 일을 대하는 태도, 열렬한 마음 같은 것을 배웠다. 모두가 밤을 새우며 넋이 나가 있는 마감 때, 어디서 그런 에너지가 나오는지 보부상처럼 LP를 한가득 챙겨 디제이를 하는 그 모습이 인상적이었다. 동시에 나도 저렇게 살고 싶다는 마음을 품으며 매해 신춘문예에 탈락해도 그만둘 생각은 하지 않았다.

이태원에서 친구들과 만날 때는 항상 설렜다. 누가 무슨 옷을 입든, 어떻게 생겼든 그리 관심을 두지 않는 곳. 좋은 음악이 나오는 공간, 멋있는 사람들이 디제잉하는 클럽, 자신만의 방식으로 옷 입는 사람들이 걸어 다니는 곳, 그곳에 있는 것만으로 덩달아 그들 부류에 낀 것 같은 기분이 들었다. 이태원은 다른 지역에선 찾을 수 없는 매력을 뿜는다. 그곳에서만큼은 평소에 꾹꾹 담아 온 이야기를 할 수 있고, 남의 눈치 보지 않고 옷장에 박아 둔 셔츠를 꺼내 입을 수 있고 음악이든 음식이든 술이든 홀가분한 마음으로 즐길 수 있다.

그녀는 담배를 피우면서 허탈한 듯 혼잣말 같은 웃음을 터뜨렸습니다. 아무리 나이가 들어도 이태원으로 와야만 담배를 피울 수 있다는 것입니다.

가경

「사람이요. 내가 이상한 년이라고 생각하지 않는 사람에게는 솔직해질 수 있어요. 자기를 해명하지 않아도 되니까요. 누구든 그런 거잖아요? 나를 나로 두는 곳에서 살고 싶은 그 마음이요. 그런데 여기서는 그랬어요. 다들. 그래도 서로 손가락질은 안 했어요. 믿어 줬어요.」*

내가 좋아하는 소설 속 문장이다. 소설은 시대와 공간을 가로지르며 차이를 차별로 받아들이는 그 옹졸한 세계로부터 내쳐진 여자, 트랜스젠더, 위안부, 재일 조선족을 호명한다. 이상한 년이라고 나를 생각하지 않는 사람에게는 비로소 솔직해질 수 있다. 나 역시 이태원에서 불콰해져 사람들에게 솔직한 말을 얼마나 많이 털어놨던가. 다음 날 아침 술이 깨면 모두에게 미안해지고 부끄러웠지만 그곳에서라도 기염을 토하지 못했다면 글쎄, 지금처럼 살 수 있었을까? 이태원에서는 비밀도 선언도 모두 가능한 곳이었다.

2022년 10월 29일, 전날 제법 고되게 일하고 주말이라서 늦잠을 자고 있었다. 휴대 전화를 보니 새벽 6시, 엄마에게 부재중 전화가 와 있었다. 독립한 지 겨우 4개월밖에 되지 않았던 나는 본가에 무슨 일이 생겼나 걱정스러운 마음

* 한정현, 『소녀 연예인 이보나』(서울: 민음사, 2020), 138면.

으로 엄마에게 전화를 걸었다. 이태원 참사 사고 소식을 뉴스로 본 엄마는 내가 혹시 그곳에 갔을까 봐 전화했던 것이었다. 이태원 핼러윈 파티로 작은 사고가 났다는 헤드라인을 보았기에 〈집에 있었다고, 걱정하지 마시라〉 답했다. 제발 별일 아니기를 속으로 되뇌며 뉴스를 검색해 보니 사람들이 많이 다쳤고 심지어 명을 달리했다. 159명, 말도 안 되는 숫자였다. 가슴 속에 큰 돌덩이가 꽝 떨어졌고 정지된 한 화면이 떠올랐다. 커다란 배가 허망하게 수직으로 가라앉는 장면이었다. 눈물이 핑 돌았다. 또, 또 이런 일이 일어났구나. 한참을 뉴스 소식을 찾아보다가 친구들에게 안부 연락을 했다. 이태원에서 자주 만나서 놀았던 친구들이었다. 다들 무사했다. 이태원에 대해 얘기할 때마다 우리는 어렴풋이 공유하는 한 가지 사실이 있었다. 그곳에 깔렸던 사람들이 우리가 아닐 이유는 없다는 것이다.

 그 골목은 이태원에 자주 가는 사람이라면 그리 특별한 장소가 아니었다. 친구의 집에 갈 때 그 골목을 지났으며 출퇴근할 때는 거의 매일 다녔던 길이었다. 누군가와 이태원에서 약속을 잡으면 그곳에서 보자고 말하는 평범한 장소였다. 나는 그곳에서 희생당한 사람들이 분명 한 사람만 건너면 알 수 있는 사람이라는 막연한 확신이 들었다. 그래서

인지 사고 현장으로 추모하러 가기까지 시간이 오래 걸렸던 것 같다. 이태원의 상권이 휘청인다는 소식에 일부러 친구들과 가보려고 한 적도 있지만 예전처럼 춤을 추고 술을 마시는 게 쉽지 않았다. 〈그래, 그때 여기서 그런 일이 있었지.〉 그냥 이태원을 지나치는 버스 안에서도 지하철역 안에서도 159명이 가장 먼저 떠올랐다.

세월호 참사와 이태원 참사를 관통하면서 내겐 이상한 버릇이 하나 생겼다. 부지불식간에 치명적 사고에 휘말렸을 때 정부적, 사회적 차원의 구조가 이뤄지지 않는 최악을 상상하는 것이다. 그런 위기가 생기면 어떤 매뉴얼로 움직여야 하는지 모르지만, 그곳에서 공적인 지침을 따르더라도 〈죽을 수 있다〉는 가능성을 열어 두는 것. 이런 버릇은 어쩔 수 없는 무기력을 데려온다. 각자도생의 사회에서 이러한 무기력을 공유할 타인이 주변에 많다면 서로를 지탱하며 살 수 있을 것이다. 하지만 그런 접점마저 점점 줄어든다. 이런 이야기를 나누거나 의논할 만한 가까운 지인들은 이미 각자의 사정으로 너무 지쳐 있다. 가뜩이나 힘든 사람에게 고통을 나누자고, 슬픔을 꺼내자고 운을 떼기는 쉽지 않다. 어쩌다가 이태원 참사에 관한 얘기가 나와도 계속 이어 갈 수 있는 에너지가 없다. 한숨, 한숨, 세상이 망해 가는 건가 하는 푸념의 계속일 뿐이다. 참사에 관한 원인 규명이 명백히 이뤄지지도, 그 누구도 책임을 지는 사람도 없었기 때문이다. 설상가상 책임자를 밝혀내지 않는 권력의 그늘을 추측하는 것만으로도 학습된 우울함이 서로에게 번진다. 우리는 여러 번 사회적 참사의 파편으로 괴로웠지만 누구도 그 이야기를 쉽게 꺼낼 수 없었다.

〈빨갱이 새끼들 꺼져라!〉 이태원 참사 이후 사고가 났던 골목에 처음 갔던 날 들은 말이다. 어떤 중년 여성 두 분이 커다란 피켓을 옷처럼 입고 추모제를 위해 모여 있던 무리에 다짜고짜 소리를 질렀다. 처음에는 예상했던 일이라 반응하지 않는 척을 했지만, 사실은 무섭고 서러웠다. 굳이 이런 장소에서까지, 추모를 위해 묵념하는 사람들에게 저렇게 악다구니를 쳐야 하는 걸까? 눈에 띌 만한 행동 없이 그저 묵념하는 몇몇 사람에게 저 정도의 언어 폭력을 가한다면 대체 참사 희생자에게는, 생존자에게는, 유가족에게는 어떠했을까. 캄캄한 슬픔이 비와 함께 떨어졌다. 우리는 묵념을 마치고 시청역에 마련된 분향소로 향했다. 비는 더 세차게 왔다. 그곳에서도 몇몇 태극기를 든 중년의 남성들이 알아들을 수 없는 소리를 지르고 갔다. 흰 승무복을 챙겨 입은 무용수가 분향소 앞의 공간에서 진혼곡에 맞춰 춤을 추었다. 그는 159명의 이름 앞에서 맨발로 뛰어다니며 땅에 엎어지고 머리를 조아렸다.

 참사가 일어나고 1년 뒤 가을, 나는 심리 상담을 다니기 시작했다. 그때 만났던 상담 선생님과 의견이 대립했던 부분이 있었다. 나는 선생님에게 온갖 화나고 슬픈 일들로부터 시를 쓴다고 말했다. 시 쓰기에 몰두하면 어쩔 수 없이 우울해지는 과정이 있다고 털어놓았다. 선생님은 단순명료했다. 본인이 괜찮아진 다음에 시도 있는 거라고 말이다. 나는 그 말씀에서 어떤 거리감 같은 것을 느꼈다. 지금 생각해 보면 선생님은 내담자의 정신 건강을 지켜 일상생활을 할 수 있도록 만들어야 하기에 당연히 그럴 수 있다고 생각한다. 하지만 그때 내겐 직장 문제와 갓 독립한 사람이 겪는 불안만 있던 게 아니었던 것 같다. 심호흡으로는 절대로 괜찮아지지 않는 것들 이를테면 미래 없음, 체계 없음, 한 사람의 생활이 한 번의 참사로 언제 어디서든 무너질 수 있음. 안전은 개인의 몫. 그런 문장들이 나를 묵직하게 짓누르고 있었다. 그 무기력은 여전하다. 어느 순간 상담 선생님과의 거리감이 또 다른 괴로움을 낳게 되어 상담을 그만두었다. 다만 이전보다 집회에 더 자주 가고 후원하며, 화력을 보탤 수 있는 모임에 간다. 당장 평화로워 보이는 일상을 지내는 것보다 나에게 더 필요한 처방이다.

  2024년 9월 7일 토요일 이태원에 갔다. 스튜디오 HBC의 〈울면서 춤추자〉라는 이름의 파티에 가기 위해서였다. 그 파티는 〈케밥 애프터 드링크〉라는 진zine의 네 번째 호를 기념하는 자리였다. 사람들이 입구에서 한 부씩 나눠 준 진을 보니 숙취를 덜기 위해 케밥을 사 먹는, 이태원의 흔한 아침 풍경이 눈에 그려졌다. 그 진은 이태원 참사 이후 다양한 사람들의 사적 공간에 방문하여 두세 시간 동안 나눈 대화를 포스터와 글로 적어 엮어 낸 결과물이었다.

  토요일 해가 뉘엿뉘엿 지는데 나는 소파에 누워 〈또 그날 10월이 오겠구나〉라며 축 처진 기분이었다. 휴대 전화로 무심코 스크롤을 내리다 그 포스터를 본 것이다. 나는 마치 친한 친구들이 이태원으로 부른 것처럼 옷을 주워 입고 뛰쳐나갔다. 그 파티에는 아는 사람이 아무도 없을 것인데 왜 그렇게 반가웠을까? 누군가 해줬으면 하는 일을 이렇게 멋진 잡지로, 무려 4호째 만들어 내고 있는 사람들이 누군지 궁금했던 걸까. 공연 라인업 중에 라면을 끓이거나 이단 옆차기를 날리는 뮤지션 야마가타 트윅스터가 있었기 때문일까. 어쩌면 누군가 〈울면서 춤추자〉고 말을 건네줬기 때문일까. 이태원 참사 이후의 이야기를 계속하고 있는 사람들이라면 한 번도 만난 적 없지만 어쩌면 알고 있는 사람들일 거라는 이상한 믿음이 들끓었다. 내가 그토록 좋아했던 이태원이라는 장소와 다시 가까워질 수 있으리라는 희망이 느껴졌다. 참사 이전과 이후의 이태원은 절대로 같을 수 없었다. 하지만 이태원이라는 장소가 내게 주는 상징, 이를테면 편견과 속박으로부터 자유로워도 된다는 그런 이미지를 〈이후의 이태원〉에서도 만들어 가고 싶었다. 그러려면 참사를 기억하고 추모하고 함께 공유한 슬픔을 드러내고, 보듬는 것이 먼저이지 않을까. 그 파티에 가야 할 이유는 차고 넘쳤다.

공연장에 가기 전에 시간이 남아서 예전부터 가보고 싶었던 책방 풀무질에 들렀다. 혜화동에서 해방촌으로 옮긴 뒤로 한 번도 가보지 못했기 때문이다. 그 책방에 종종 들렀던 이유는 사회과학 서점 풀무질 사장님과 인터뷰를 한 이후부터였다. 세상에 사회과학 서적이 필요한 이유에 대해 긴 시간 내게 말씀해 주던 은종복 사장님, 이제는 그분의 뒤를 이어서 뮤지션 전범선이 인수, 운영하고 있다는 소식을 들었다. 작은 책방 가판대를 천천히 둘러보며 지하에서 들리는 악기 소리를 들었다. 나는 1950년 쓰인 강신재의 『해방촌 가는 길』을 하나 샀다. 해방촌 미군 기지에서 춤추고 노래하며 돈을 버는 기애의 이야기였다. 그녀는 자신을 천시하는 시선으로부터 타협하지 않고 떳떳했다. 오래된 문장들이 시간의 덧게비를 입으니 더 세련되게 느껴졌다. 기애의 강단 있는 태도를 곱씹으며 그녀가 빨간 하이힐을 신고 터덜터덜 걸었던 해방촌 언덕길을 따라서 걸었다.

공연장의 복잡한 입구에서 운영자들은 『케밥 애프터 드링크』 4호를 나눠 주었다. 진에 대한 간략한 소개도 잊지 않았다. 누군가는 이런 안내가 별것 아니라고 생각할지도 모르겠지만 내게는 큰 환대처럼 느껴졌다. 잭 콕을 한 잔 마시며 음악을 들었다. 그곳에서 처음 알게 된 뮤지션 〈뛰놀며〉가 기억에 오래 남는다. 그는 바닥에 앉아 이번 노래의 제목은 「공못못」, 〈공부도 못하고 못생긴〉의 줄임말이라고 소개했다. 가사 내용은 대충 이렇다. 엄마와 오빠는 내가 공부도 못하고 못생겨서 시집 못 갈 거라고 하는데 괜찮아, 공부 못해도 괜찮아, 못생겨도 괜찮아, 왜? 난 레즈비언이니까! 나는 이 펀치라인을 결코 잊을 수 없을 것이다. 내 앞에 있던 사람은 바로 전 곡에서 눈물을 훔치다가 이 곡에서 배꼽을 잡고 깔깔 웃었다. 여기저기서 환호성이 터졌고, 곧바로 야마가타 트윅스터 공연이 이어졌다. 10년 전쯤 그의 공연을 처음 보고서 반한 경험이 있다. 화려함의 극치를 달리는 옷을 입은 그는 유려하면서도 어딘가 어색한 춤을 춘다. 그 춤사위를 한번 보면 마치 무언가에 홀린 듯 계속 보게 되고 돌연 따라 하고 싶은 충동까지 느껴진다. 게다가 공연 중 돌발 행동은 그의 트레이드마크다. 오늘도 어김없이 그는 피리 부는 소년처럼 우리를 모조리 데리고 공연장 밖으로 빠져나갔다. 〈돈만 아는 저질〉이라는 가사를 외치며 우리는 함께 해방촌 길거리를 무대로 만들었다. 〈돈만 아는 저질〉을 계속해서 외치며 그는 차도에서 구르고 뛰고 춤을 췄다. 〈돈만 아는 저질들에 소리칩시다!〉, 〈돈만 아는 저질!〉 그런 종류의 고성방가를 얼마나 오랜만에 해봤던가! 그는 노래를 마치고 아수라장 속에서 겸연쩍게 〈감사합니다〉 고개 숙여 인사했다. 그리고 다시 무대로 돌아와 짐을 주섬주섬 챙기고는 〈투쟁!〉 주먹 쥔 한 손을 높이 치켜들며 사라졌다.

투쟁. 집회 현장에 가면 사람들이 이 단어를 마침표처럼 찍으며 자주 외친다. 사람 많은 곳에서 에너지가 방전되는 나로서는 집회에 자주 참석하는 일은 꽤 어렵다. 하지만 이렇게 이름 모를 사람들로부터 위로와 에너지를 얻으면 생활 속에서나마 작은 투쟁을 이어 갈 수 있다. 참사 이후의 변화를 추적하는 일이다. 그저 흘러가는 뉴스 속 한 줄로 접하는 것보다 적극적인 추적이 필요한 이유는 참사를 불러일으킨 사회 시스템의 변화를 위해서는 시민의 관심이 절실하기 때문이다. 그런 의미에서 한 장면이 떠오른다. 2023년 10월 참사 1주기를 맞아 한국예술종합학교 영상원에 영화를 보러 간 적 있다. 이태원 참사를 다룬 2부작 다큐멘터리 「크러시」였다. 당시 저작권 문제로 한국에서는 볼 수가 없었기에 더 각별한 자리였다. 휴대 전화, CCTV, 보디캠 영상 등 1천5백시간 분량의 기록을 바탕으로 만든 영화는 사건을 신랄하게 바라본다는 평이 있기도 했다. 영상원에 도착해 교실처럼 보이는 곳에 들어갔다. 이미 사람들이 반 이상 차 있었다. 다들 마스크를 쓰고 있었기에 그들의 얼굴도 표정도 제대로 볼 수 없었다. 고요한 정적 속에서 운영자는 영화를 틀었다. 처음 참사를 접했을 때처럼 똑같은 충격을 느끼며 사고의 영상들을 보았고, 이렇게 사람들이 모여 잊지 않고, 기억하는 것으로 어쨌든 무엇이든 해낼 수 있겠다고 생각했다. 아직 잊지 않는 사람들이 많다는 것, 그리고 잊지 않음으로써 진상 규명을 위해 화력을 더하고 있다는 것. 여기저기서 흐느끼는 소리가 들렸다. 혼자 보는 것과 달리 함께 보는 것의 에너지를 느낄 수 있었다. 2부작으로 된 다큐멘터리에서 사건의 진실을 추궁하며 절규하는 이들을 보는 게 가장 고통스러웠다. 그리고 여러 번의 신고 전화가 무색하게 점점 숨통이 옥죄이는 사람들을 보는 것 역시 처참했다. 여러 겹으로 쌓인 사람들 사이에서 푸른색을 띠는 얼굴들이 있었고, 팔 하나만 간신히 든 채 구조를 기다리는 사람들. 살려 달라고 외치는 목소리들. 아비규환 속에서 깔린 사람들을 꺼내지 못해 눈물만 흘리는 사람들이 있었다. 영화는 세월호를 호명한다. 이태원 참사가 정부와 사회, 나아가 우리의 무능을 상징하는 이유이기 때문이다. 우리는 크나큰 실수를 반복한 것이다. 그것이 죄책감에 휩싸이게 했다. 다시 한번 크고 무거운 무력감이 어깨를 짓눌렀다. 그러면서도 동시에 그 자리를 지키며 함께 영화를 보던 사람들을 생각했다. 이 영화를 함께 볼 수 있게 수고해 준 사람들을 오래 기억하기로 했다.

지난 2024년 5월 이태원 특별법이 통과됐지만 4개월이 지난 지금까지 아직도 특별 조사 위원회가 꾸려지지 않고 있다. 정부와 여당은 대체 무엇 때문에 시간을 끌고 있는 걸까? 탐사 보도 매체 뉴스타파는 2024년 9월 5일부터 이태원 특조위가 꾸려진다면 반드시 규명해야 할 과제들을 하나씩 보도하고 있다. 2025년 4월 15일, 10·29 이태원 참사 유가족 협의회가 〈10·29 이태원 참사 진상 규명과 재발 방지를 위한 특별 조사 위원회〉에 진상 규명 조사 신청 18건과 〈10·29 이태원 참사 피해 구제 심의 추모 지원단〉에 피해자 인정 신청 23건(78명)을 각각 접수했다. 이는 진상 규명 조사 신청과 피해자 인정 신청을 위해 개별 유가족이 직접 제출한 첫 사례다. 나의 작은 투쟁은 이런 것이다. 하나의 진실에 다가가는 공부를 일상적으로 꾸준히 하기. 진실을 가려내는 눈을 기르기. 특정 집단이 시간을 끌며 대중의 망각을 유도한다면 그런 일은 일어나지 않음을 끝끝내 증명하기. 계속 말하기. 계속 쓰기. 작든 크든 계속 투쟁할 수 있는 위로와 에너지를 얻으러 여기저기 다니기.

6관
일터

비(非)사무실의 트랜스페어런트칼라

마감, 좁고 습하고 가끔만 재밌는 나의 지하

〈마감이 얼마 안 남아서…….〉 난 성인이 되어 일을 시작하고 난 후부터 이 말 뒤에 숨어 살았다. 친구와 술 마시기 싫을 때, 친구와 밤새 술 마시고 싶을 때, 누군가에게 원고를 독촉할 때, 누군가로부터 원고를 독촉받을 때 여러 가지 상황에서 일을 모면하고 일을 해치우기 위해서 이 말을 활용했다(미안합니다). 당연히 모면보다 생존이 걸렸을 때가 훨씬 많았다. 잡지 에디터에게 마감이란 그들의 존재 이유와 같다. 그들은 주기별로 만들어 내야 할, 그들의 능력을 언제나 웃도는 목표치(한 권의 잡지)가 있다. 대다수 월간지 에디터는 마감 전 1주일 남짓한 기간 동안 철야 작업을 숙명처럼 받아들인다. 아침형 인간이든 저녁형 인간이든 상관없이 구성원 모두가 머리카락이 떡 지고 얼굴은 누렇게 뜨며 의자에 오래 앉아 있고 피로해서 생기는 급성 신우신염으로 구급차에 실려 가는 동료를 서글프게 쳐다본다(때로 응급 환자가 부럽다는 생각이 들었을 때 마감하기를 멈출 수 있었다면 좋았을 것이다). 아마 마감을 밥 먹듯 하는 직종의 종사자라면 누구든 공감할 만한 얘기일 것이다. 특히 창의적 종사자들은 마감으로부터 갉아 먹히는 것처럼 보이지만, 괴상하게도 그들은 분명 마감과 작업이 상부상조한다고 생각할 가능성이 높다고, 나는 자주 오해한다.

가장 먼저 〈마감 효과〉를 떠올릴 수 있을 것이다. 우리는 위대한 창작자들이 〈마감은 창작의 원동력〉이라며 찬사를 보내는 일을 자주 목격했다. 미국의 클래식 음악계에 파란을 몰고 온 레너드 번스타인 역시 〈위대한 업적을 이루려면 두 가지가 필요하다. 하나는 계획이고, 하나는 적당히 빠듯한 시간이다〉라고 말했으며, 소설가 알랭 드 보통은 《《아무것도 하지 않는다》는 두려움이 《잘 해내지 못한다》는 두려움을 초월할 때, 비로소 일하기 시작한다〉며 소위 마감에 멱살 잡혀 글을 쓴다고 고백한 바 있다. 그들뿐만 아니라 많은 창작자가 마감에 다다를수록 일이 더 효율적으로 되거나 더 창의적으로 된다고 증언하곤 한다. 하지만 테리사 아마빌레 교수가 『하버드 비즈니스 리뷰』 인터뷰를 위해 진행한 흥미로운 연구는 이를 정면으로 부인한다. 실험 참가자들은 시간이 부족한 날에 자신이 더 창의적이라고 느꼈지만, 실험 결과 그들의 뇌 속에서는 창의적 사고가 덜 발생했기 때문이다. 단지 사람들은 마감일이 가까워질수록 외부로부터 오는 아이디어에 대해 방어적인 자세를 취하게 된다. 또한 마감까지 시간적 제한이 있기 때문에 새로운 탐색을 중단하고 오로지 작업을 완료하는 데 집중하게 되니 반대로 결단력과 성취감은 높아질 수 있다는 것이다. 또한 사람들은 억압된 상황에서 해낸 결과물에 대해 더 자극적으로 기억하게 된다.

글쓰기 마감의 가장 고통스러운 과정을 꼽으라면 주위의 반짝이는 아이디어와 자료, 기존의 선례들을 모두 참고하고 나서 비로소 자기가 소화한, 자기로부터 탄생한 단어로 운을 떼는 때가 아닐까? 남의 언어가 아니라 나의 언어로 말하는 순간. 마감은 바로 그 지점이 도래했다고 경고하는 경박한 사이렌 같다. 〈자 이제, 좋은 것은 그만 보고 네 얘기를 시작할 때야〉라고 말이다. 체화된 다이너마이트가 째깍째깍 울리며 마감을 치러 낼 준비를 한다. 마치 H_2O 분자들이 누구도 시키지 않았는데도 100도에서 각각의 분자들이 서로의 손을 놔버리고 완전히 다른 상태인 기체가 되는 것과 비슷한 현상이다. 우리는 대개 마감 전까지 〈아무것도 안 한다〉고 자신을 탓하지만 당신은 누워서도 〈그 일〉을 걱정하며 시간 날 때마다 아이디어를 메모하고 누군가의 초대에 〈난 곧 마감이 있으니 못 가겠다〉고 말하고 있지 않은가. 창작하는 사람들은 누구도 등 떠밀지 않았지만 스스로에게 마감을 재촉하고 새로운 마감을 던져 주며 마감 이후에는 전에 없던 결과물을 손에 쥐고 바보처럼 기뻐한다. 그리고 동료에게 속삭인다. 〈역시 마감이 나를 그리게(쓰게, 만들게, 설계하게, 연기하게) 했다〉고.

한편, 마감을 뜻하는 영어 단어 〈deadline〉의 어원을 좇다 보면 이 얄궂은 단어 속에 깊고 아득한 죽음이 도사리고 있다는 사실을 알게 된다. 〈마감이 얼마나 힘들었으면 단어를 이렇게 만들었을까〉 하며 헛웃음 지을 일이 아니다. 1863년 미국의 남북 전쟁 당시 포로로 잡힌 군인들이 일기에 기록한 바에 따르면, 당시 수감자들이 감옥 주변 땅에 움푹하게 파놓은 이 선을 넘을 시 곧바로 총살했다고 전해진다. 20세기 이후가 되어서야 비로소 우리에게 익숙한 뜻으로 데드라인이라는 단어를 쓰기 시작했다. 이제 우리는 데

드라인을 어겼을 때 죽을 만큼 질타받을 순 있어도, 총살당하진 않는다.

어쩌면 마감 노동자들은 마감까지의 일련의 과정이 고통스럽지만 동시에 그 매력에 중독돼 계속해서 반복하고 있는 걸지도 모른다. 마감을 통해 이뤄 낸 결과물이 자신이 직업적으로 가치 있다는 생각(착각), 성장한다는 생각(착각), 나아가 한 사람의 존재로 살아 있다는 감각(착각)을 불러일으킨다면 고통도 마다하지 않을 확률이 높기 때문이다. 이는 프로이트가 말한 운명 신경증을 떠오르게 한다. 프로이트는 고통스러움을 삶의 패턴으로 강박적으로 반복하는 상태를 운명 신경증이라는 개념으로 제시했다. 고통을 발생시키는 주체가 자신이라는 사실을 인식하지 못하고 운명의 탓이라고 생각하는 경향이다. 반복 강박이라고도 불리는 운명 신경증은 프로이트가 〈죽음을 향한 본능〉을 끌어내도록 만들었다. 인간은 언제나 긴장 없는 편안한 상태를 원하는데 이는 죽음 아닌가. 죽음을 향한 본능은 인간을 움직이는 힘이 될 수도 있다.

최근 보았던 한 전시가 떠오른다. 평행 우주 이론에 관심이 많다던 벨기에 예술가 리너스 반 데 벨데 전시였다. 그의 영상 작업 「하루의 삶」에서 아침에 일어난 주인공은 서류 가방을 들고 지하에 숨겨진 금고로 출근한다. 이 서류 가방 안에는 그가 여러 장소에서 받은 영감들이 들어 있다. 야자수와 선인장, 작은 식물들로 가득한 곳에서 주인공이 자리에 앉아 붓에 물감을 묻혀 종이에 무엇인가 그리고서 서류 가방에 넣는다. 물이 쏟아지는 수영장 아래 축축하고 좁은 지하. 엄청나게 많은 아이디어가 언어화되지 않은 상태로 마구 보관된 곳. 내가 생각하는 마감을 장소로 표현한다면 이와 비슷한 모습일 것 같다. 한 가지만 더 추가하자면 가학적 성향의 도구들이 한편에 모여 있어야 하지 않을지. 나는 마감 노동자로서 죽지 않을 정도의 고통에서 의외의 재미와 자극을 기어코 찾아내야만 하기 때문이다.

계속 버틸 수 있게 한 비(非)사무실

무언가를 몰아붙이는 마감의 공간은 내게 일용할 돈을 가져다줬다. 에디터로서 나는 잡지사가, 어떤 브랜드가, 어디 대표들이 나를 불러 주지 않을 때 글을 써서 돈 벌 수 없으리라는 수동적 끝을 가끔 생각한다. 절망적이게도 에디터로서 일한다는 것은 내게 안온함까지 주진 않았다. 나보다 더 트렌디하고, 나보다 글을 맛깔나게 잘 쓰고, 무엇보다 나보다 커리어적 욕망으로 끓어오르는 뜨거운 동료와 선후배를 볼 때 나는 일찍이 에디터로서의, 아니 노동자로서의 적성이 부족하단 걸 깨달았다. 그 일의 주인은 내가 아니었다.

나의 일터는 주로 사무실이었다. 높고 낮은, 크고 작은 빌딩의 어느 한구석. 에어컨을 중앙에서 조절해서 여름마다 냉방병에 걸리거나, 에어컨이 낡아 작동이 안 돼서 땀이 축축한 곳이거나 그랬다. 일을 지속할 수 있도록 만드는 공간이야말로 가장 이상적이겠지만, 아쉽게도 그렇지 않았다(불행히도 동시대에 그런 공간이 있긴 할까?). 오히려 사무실이 아닌 공간들에서, 파리하게 꺼져 가는 일하는 마음을 간신히 붙들어 온 것 같다. 심리학자 매슬로가 인간의 손에서 나아간 여러 도구도 하나의 연장선이라 말했던 것처럼 내게는 마감을 계속하게 한 공간의 연장선으로서의 미(세하고 아름다운)공간들이 있었다.

첫 번째는 심야 택시다. 어시스턴트 시절 나는 이태원에서 새벽에 택시를 탄다는 이유만으로 주말을 뜨겁게 보낸 클러버로 매번 오해받았다. 〈재미있게 노셨나 봐요. 아주 지쳐 보이네〉라며 어떤 대화의 운을 떼는 택시 기사들에게 〈지금 마감 중이라 야근했어요〉라며 대답하는 일은 나를 더 지치게 했다. 설상가상 그런 말을 아예 믿지 않는 사람도 있었다. 때로는 그런 반응에 소리 없이 울었다. 이 일이 아니면 〈일다운 일〉을 찾지 못할 거라는 불안은 나를 더 서럽게 만들었다. 택시 안에서 선배에게 들었던 모진 말, 일하며 느낀 일로부터의 소외감, 상처 난 자존감 등을 들여다보는 것 말고는 할 게 없었다. 나의 나이를 물어보며 결혼 언제 할 거냐는 무례한 말들, 대답을 시원찮게 하면 〈왜 대답 안 해요?〉라며 뒤돌아 쩨려보는 중년의 남성 기사와의 일화는 굳이 덧붙이지 않겠다.

또 정규직 에디터가 되어서도 마감 때마다 마주하는 새로운 갈등들은 집 가는 택시에서 가끔은 풀어졌다. 때로는 아무 말없이 KBS 클래식 FM이 흐르는 공간이었고 때로는 어머니와 비슷한 연배의 기사님과 나눈 따뜻한 위로의 말이었고, 때로는 자기 부상 열차처럼 요철 없이 내달리는 스릴감이었다. 특히 브레이크 없이 질주하던 올림픽 대로 위에서 이대로 죽어도 이상하지 않겠다는 생각이 들었다. 속력도 속력이었지만, 그 와중에 조금씩 눈이 감기는 기사님의 모습 때문이었다. 나는 그를 굳이 깨우지 않았다. 안전벨트를 매고 이대로 사고가 난다면 내일 출근할 수 있을지를 상상했다. 그런 짜릿함으로 어깨에 잔뜩 긴장감이 들어가면 어느새 집 앞에 도착해 있었다.

두 번째는 화장실이다. 내게 유독 가혹했던 사무실은 공통으로 화장실이 비좁았다. 한 칸의 화장실을 여러 명의 사원이 공유했다. 다만 화장실이 층마다 있고, 최소 다섯 칸 이상 있으며 서서 양치할 수 있는 공간, 옷매무새를 다듬을 수 있는 공간이 있다면 쾌적한 편에 속했다. 그중에서도 마감이 잦았던 한 회사 화장실은 나름대로 쾌적했다. 그곳에는 마감 때만 되면 귀신이 출몰한다는 소문이 있었지만, 그 공간이라도 없었다면 힘들었을 테다. 나는 화장실에서 양치하면서 숨을 돌렸다. 청량감이 극단적인 치약을 찾아 헤매며 국내외 브랜드 할 것 없이 치약 고르는 취미도 그때 생긴 것 같다. 양치하는 순간만큼은 아무 생각이 안 났다. 일을 생각하며, 일에 대해 얘기하며 꾸역꾸역 먹은 김치찌개 잔향이, 입속에서 하얀 거품을 내며 사라지는 모습을 보는 건 상쾌했다. 칫솔질할수록 점점 퍼져 가는 강렬한 박하 향은 이 모든 잡일을 신속히 해치울 수 있다는 약소한 희망을 주었다. 하지만 대체로 입안은 3분이 지나면 텁텁해졌다.

세 번째는 회사 근처의 산책할 만한 곳이다. 특히 종로에 회사가 있을 때는 정말 좋았다. 당시의 회사 생활은 지옥에 가장 가까웠지만, 친했던 선배와 점심을 먹고 궁궐을 산책할 수 있었다. 어느 회사나 장단점이 있기 마련이지만, 사람 간의 문제로 속이 박박 갈려 나갈 때 그 선배는 나를 데리고 궁궐에 갔다. 원래 속 얘기를 잘 안 꺼내는 나는 종묘 대문 밑으로 오종종히 달려가는 오소리 가족을 보며, 거대한 나무 아래로 떨어지는 빗줄기를 보며 이런저런 얘기를 술술 잘도 했다. 선배는 내가 언젠가 숲속에서 생활한복을 입고 차를 마시고 요가를 하며 그렇게 지낼 것 같다고 했는데, 나이가 들수록 점점 그런 게 좋아지는 것 같기도 하다. 좋은 사람을 만나는 일은 내가 쉴 수 있는 또 다른 공간을 얻게 되는 일이다. 나는 선배의 반경에서 어려운 일들은 어려운 대로 버티고, 즐거운 일은 같이 나누며 잘 지냈다. 그렇게 경복궁, 종묘 등지를 걸어 다니면 돌을 깎아 만든 왕도도 걷고 모래가 날리는 땅도 걷는다. 경복궁 안의 작은 온실을 거닐고 연못에 떠다니는 오리를 보고 있으면 울분과 피로가 조금은 가라앉았다. 하지만 가장 최근까지 다녔던 회사는 강남 한복판에 있었다. 경사로 된 골목은 온통 빼곡한 주택과 초고층 건물이고, 특히나 이 주위에는 공원도 산책길도 없다. 그런 공간을 굳이 들일 이유가 없는 사람들이 많이 살기 때문일까? 내 전 재산보다 넘치게 비싼 차들이 비좁은 도로 구석구석을 비싼 엔진을 자랑하며 굉음을 내면서 다닌다. 죽지 않기 위해선 인도에서도 가장자리로 최대한 붙어서 경계하며 걸어야 한다. 그러니 산책은 가당치도 않다.

마지막은 가장 양가적 감정이 드는 장소, 지하철과 버스다. 출퇴근 때 이 공간을 떠올리면 숨이 막힌다. 동시에 모두가 비슷한 시간에 노동하러 가기 위해 좁고 불쾌한 공간에서 사투를 벌여야 한다는 점은 처연하다. 과거 외국의 시인 집단은 대중교통을 타고 다니면서 찰나의 시간에 시를 쓰는 그런 실험도 했다던데, 한국의 대중교통에서는 그럴 수가 없다. 다만 아주 가끔 아름다운 장면들을 마주한다. 버스를 탈 때, 마침 좋아하는 자리가 나서 밖을 원 없이 내다볼 수 있을 때. 그 풍경에서 신록이 우거져서 찰나 동안 시간도 공간도 모든 것을 까맣게 잊게 될 때. 매일 같은 시간에 어린이집에 가는 여자아이가 엄마에게 안겨서 세상 온갖 것에 궁금증을 쏟아 낼 때, 그 아이를 아는 척하고 용돈을 쥐여 주는 아저씨를 볼 때, 2인석 안쪽에 앉은 사람이 내릴 때 덩달아 일어나서 비켜 주면 그가 그냥 지나치지 않고 목례하고 갈 때. 그런 작은 사건들이 존재하는 이동하는 공간에서 나는 때로 힘을 얻고 때로 무너진다.

트랜스페어런트칼라
사무실이라는 공간을 떠올리면 폭력과 욕망이 뒤섞인다. 백색 형광등, 프린트 소음, 분주한 발걸음 소리, 누군가 듣지 못하게 누군가에게 속삭이는 대화 소리, 겉으론 상냥해 보이지만 화를 꾹꾹 눌러 담는 듯한 말소리, 키보드 버튼이 눌리는 소리. 나는 왜 이 공간에 있을까? 여기서 키보드를 치면서 무슨 노동을 하고 있는 걸까? 나는 글을 쓰면서 돈을 벌기를 원했던 것 같다. 겨울에는 난방이 여름에는 냉방이 되는 사무실에서 내 컴퓨터와 내 키보드를 갖고 내 일을 할 수 있는 환경을 언제나 꿈꿨던 것 같다. 우리 어머니 아버지는 고등학교를 졸업하고 근면 성실하게 일을 다녔다. 열심히 계단을 오르내렸고 땡볕을 걸었으며 매연 속에서 얼음 같은 바닥을 아슬아슬하게 운전했다. 나는 그분들의 근면 성실을 존경했기에 더욱 사무실에서 일하고 싶었다. 내가 열심히 공부해서 에어컨과 난방기가 있는 사무실에서 일하지 않는 건 그 노고를 저버리는 일 같았다.

어렸을 때 나는 두 동생을 데리고 사무실 놀이를 했다. 흰 종이를 반으로 접어 노트북을 만들었고 동생들과 하나씩 나눠 가진 후 연필로 그린 버튼들을 누르며 놀았다. 이것 좀 해주세요, 저것 좀 해주세요, 서로에게 무언가를 시키며 종이를 주고받는 그런 놀이였던 것 같다. 나는 사무실에 일한다는 것이 어쩐지 특권처럼 느꼈다. 소위 몸이 아니라 머리로 할 수 있는 일. 어렸을 때부터 그런 교육을 받으며 자랐고 머리로 하는 일을 해야 한다고 나는 늘 생각했다. 지금 생각하면 조금 바보 같다고 느껴진다. 머리도 몸의 일부이니까. 직업에서 귀천을 나누는 것을 삼가야 한다고 배웠으나 정반대의 욕망도 함께 습득했다. 무엇이든 원하는 일을 쟁취하기 위해 달려야 한다, 자기 PR을 매 순간 해야 한다, 더욱더 높은 곳으로 올라가야 한다. 그런 정언 명령 같은 것들이 서른이 되고 나서부터는 목을 옭아맸다. 동물이 주로 나오는 예능 TV 프로그램에서 강아지일 때 해놓은 목줄이 성견으로 자라면서 그 목에 상처를 내고 결국에는 살인지, 목줄인지 분간이 가지 않는 심각한 상태에 처한 개들처럼 말이다.

 이제 노동자의 옷깃은 구분할 필요가 없어진 것 같다. 화이트 칼라이든 블루 칼라이든 그것은 별로 중요하지 않다. 둘 다 괴롭기 때문이다. 화이트칼라를 호명하던 시절에는 그들이 지식 노동을 하는 사람으로서 더 많은 연봉을 받는 일종의 고귀한 신분처럼 여겨졌다. 하지만 지금은 소수를 빼고 모든 노동자가 돈이 없고 일이 괴롭다. 그래서 사람들은 자신의 정체성을 두 개, 세 개로 쪼개서 낮에는 사무 노동자, 밤에는 프리랜서로 소위 〈파이프라인〉을 만들어 자발적으로 추가 노동을 쉬지 않고 한다. SNS 계정은 업무용,

개인용, 취미용으로 나누어 언젠가 취미가 작은 수입원이 될 날을 고대하며 부지런히 산다. 일은 끝나지 않는다. 우리는 모두가 투명 옷깃을 입고 언제든 경쟁력 있는 사람으로 보이도록 자발적으로 〈브랜딩〉한다. 나는 필경사 바틀비처럼 〈안 하는 편을 택하겠〉다고 자주 속으로 선언하지만, 동시대를 사는 사람으로서 그건 불가능하다고도 느낀다. 그것을 하지 않는 대가를 톡톡히 치러야 하기 때문이다. 이제는 지금보다 더 돈을 벌게 된 주변인들의 소문, 전보다 더 좋은 직장에 다니고 있는 사람들, 나보다 더 행복하고 유능하게 사는 것 같은 사람들의 소식이 SNS를 비롯한 무수한 매체를 통해 내게 쏟아진다. 그 결과 나는 자주 과도한 불안에 시달리는 비관적인 성향의 인간이 됐다.

  그럴 때마다 숨을 길게 쉬고, 동생들과 종이 노트북을 펴 놓고 사무실 놀이를 하던 때를 떠올린다. 노동이 인간을 소외시키는 처절한 자본주의 시대에서, 내 일을 지키는 방법은 무엇일까? 해답은 이제 없을지도 모른다. 다만 투명한 작업복을 스스로 만들어 입고 쉼 없이 무한 경쟁의 싸움판으로 등 떠밀지는 말아야겠다고 생각한다. 사무실에서 숨 쉴 틈을 찾고, 마음을 나눌 수 있는 동료를 만들고, 일이 나를 잡아먹게 놔두지 않기. 그리고 가까스로 힘을 찾은 뒤 투명한 아가리가 나를 위협하지 않는 곳, 그곳으로 가서 몇 명의 좋은 사람과 비밀스럽게 살기. 그것을 꿈꾸며 현재를 버티는 게 지금으로선 최선인 것 같다.

네 탓이 아니야

2년째, 방학을 제외하고 매주 익산에 내려간다. 그전에는 가본 적이 없고, 교과서에서 〈보석 산업의 메카〉 정도로만 들어 알고 있던 곳이다. 첫 방문, 홈페이지 조감도에서는 미처 느끼지 못했던 공간감이 크게 다가왔는데, 제법 넓은 캠퍼스임에도 셔틀버스가 없어서 아직은 더위가 가시지 않은 9월의 교정을 찬찬히 걸어 들어갔다. 교정의 나무는 충격적으로 시들어 있었다. 충분히 단풍으로 물들지 못한 채 나뭇잎이 썩어 버리는 건 학교의 관리 소홀이 아니었다. 이제는 더 자주 지구가 아프다는 티를 내는 거였다. 도시의 나무들도 붉고 노란 물들임 이후의 낙엽이 아닌 거무죽죽하게 하엽을 하는 무채색 가을의 시작이었다. 그렇게 아픈 지구를 한 번 더 느끼며 도착한 강의실 앞은 조용했다. 내가 너무 일찍 왔나 싶었는데, 강의실 안에는 수십 명의 학생이 도착해 있었다. 그렇게 많은 사람이 앉아 있는데 누구도 떠들지 않는다는 것과 함께 누구도 강의실의 창을 열거나 불을 켜지 않는 것은 내게 퍽 충격이었다. 소음이 없는 것은 모두 휴대 전화를 들여다보고 있어서였는데, 출석을 부르는 동안에도 학생들은 휴대 전화로 무언가를 열심히 들여다보고 있었다. 강의가 진행되는 동안에도 학생들은 간간이 메시지를 확인하고 답을 보내기도 했고 혹자는 인스타그램 게시물에 〈좋아요〉를 누르기도 했다. 강의 시간만큼은 디지털 디톡스를 하라고 권고했지만 그건 잘 수용되지 않았다.

나는 학습에 있어 육체의 힘이 중요하다고 여긴다. 긴 글쓰기를 할 때야 컴퓨터와 노트북 같은 전자 디바이스를 사용하지 않고는 안되지만, 말 그대로 학습(學習)은 새의 날갯짓처럼 반복을 통해 길드는 바가 있지 않은가. 손으로 적고 외운 것은 손이 뇌를 도와 아로새기는 것과 같다는 것을 영어 단어를 외울 때를 떠올려 보면 안다. 꼭 〈쓰기〉라는 행위만 해당하는 것은 아니다. 디지털 사전과 종이 사전의 차이를 떠올려 보자. 종이 사전을 찾을 때는 알파벳의 순서를 차례대로 떠올리며 단어가 위치한 자리를 찾아가는 동안 이미 기억 회로는 활성화된다. 사전 안에는 그만의 자리가 있어 첫 번째 알파벳, 두 번째 알파벳을 하나하나 짚어 가며 그를 찾아내는 동안 나의 뇌는 그의 생김새와 차례를 기억하게 된다. 그렇게 찾아내면 그 아래는 발음 기호가, 품사가, 파생 관계에 있는 다른 품사의 형제들이 있고, 활용형의 구와 문장이, 유사어와 반의어가 빼곡하게 들어앉아서 단어의 이름을 찾아 헤맨 자를 반긴다. 디지털 사전도 그런 구성이긴 마찬가지다. 그러나 디지털 사전을 이용할 때는 그의 몸을 하나씩 찬찬히 기억할 시간을 충분히 가지기도 전에 뜻이 냉큼 등장한다. 통 글자를 입력하면 어느새 모든 것이 펼쳐져 있으니 마음은 점점 빨리 달아난다. 뇌는 기억 대신 상시 접속 가능함이라는 편의와 기능의 대리인 보철성에 제 역할을 떠맡긴다.

두 번째 학기부터는 에티켓(당연한 거지만, 나는 학생일 때나 교수자일 때나 전화기 알림을 무음으로 바꾸고 가방 속에 넣어 둔다. 강의가 있는 날은 손목시계를 착용한다)과 디지털 디톡스를 설명하고 휴대 전화 사용을 금하고 있다. 문학과 글쓰기에 대한 강의이기에 몸으로 하는 공부, 귀찮음을 얼마간 감수하는 손놀림이 필요하다고 여긴다. 그건 바로 사유를 위한 최소한의 준비 운동인 셈이다. 쇼트 폼과 영상에 잠식된 뇌는 긴 설명을 들을 수도, 견딜 수도 없다. 휴대 전화 사용을 금하니 굳이 주머니에 전화기를 챙겨 넣고 강의실을 들락거리는 몇몇 학생도 있다. 그러나 나는 그 금지를 풀 생각이 없다. 오히려 더 강조하고 싶은데, 그것이 강제로 여겨질까 봐 노심초사한다(강제보다는 기본이라 생각하지만, 휴대 전화와의 분리 불안을 겪는 학생들 처지에서는 강제이기도 할 것이다).

요즘 학생들(비단 학생들만의 문제는 아니다)의 문해력을 문제 삼는 기사나 사례를 자주 접하게 되는데, 그런 문해력의 문제가 반드시 책을 읽지 않아서만은 아닌 듯하다(대한민국은 언제나 책을 그다지 읽지 않았다. 독서량의 부족이 어제오늘의 문제는 아니라는 뜻이다). 이 문해력 문제의 주요 원인 중 하나가 휴대 전화 콘텐츠다. 짧고 요란하고 자극적이며 진위의 파악도 되지 않은 정보가 나열되는데, 문제는 그런 식의 정보를 쳐다보고 있노라면 재미가 있다는 것이다. 학생들의 문해력은 당장 소통의 어려움을 가져온다. 공지를 하면 되묻는 이메일과 문자 메시지가 너무 많이 온다. 읽고 싶은 것을 대강 읽고 검토하지 않는다. 읽고 싶은 대로 읽는다. 듣고 싶은 만큼만 잘라서 듣는다. 존중하면서 소통한다는 일은 일방적으로는 되지 않는데, 내가 쇼트

폼보다 즐거운 강의를 제공할 수는 없을 텐데, 고민이 많아진다.

나에게는 꽤 오래전 인연이 된 단골 술집이 하나 있다. 그 집에도 강아지가 있었고 내게도 혜피가 있었다. 나는 그곳에 갈 때면 늘 혜피와 함께였는데, 지금은 혜피도 그 집 강아지 구칠이도 무지개다리 너머에 있다. 사장님이 두루 좋은 사람인 대신 섬세한 면이 없는 편이라면 사장님의 여자 친구는 오래 얼굴을 보고도 여간해서는 마음을 쉽게 주지 않고 섬세해서 선을 넘지 않으려 애쓰는 쪽이다. 사장님은 오래전 단역 배우로 활동한 이력이 있고 최근까지도 밴드를 꾸려 기타를 쳤으며, 그 아버지의 영향으로 사진을 취미로 하는데, 술을 마시는 손님들에게 자꾸 카메라를 들이댄다. 나는 그게 불편해서 싫다고 하면 그는 곧이듣질 않는다. 〈괜히 말만 그러는 거겠지〉 하는 것이다. 그럴 때 그걸 단단히 일러주는 이는 그의 여자 친구 연주다. 꼽아 보면 17년쯤 되지 않았나 싶은데, 연주와 내가 가까워진 것은 최근 몇 년 사이다. 연주의 분별력과 강단을 나는 좋아하는데, 연주의 고향이 익산이고 그는 지금 내가 출강하는 학교를 졸업했다. 그런 연주가 전세 사기 피해자라는 것을 얼마 전에 알게 되었다. 한동안 못 보는 사이 일이 있었던 모양이었다. 몇 년 전부터 연주는 세무서 일을 배워서 시작했는데, 아마 그렇게 공들여 모은 전세금을 사기당한 모양이었다. 그것도 벌써 몇 개월이 지났다고 하는데, 사기범은 구속된 상태이고 그가 보유한 부동산을 수습하는 식으로 돈을 돌려받을 수는 있는 모양이지만 그것도 당장 이루어지는 것은 아닐 거라서 그 얘기를 하는 동안 연주의 얼굴이 삽시간에 어두워졌다. 글쎄 내가 미리 알았던들 겨우 몇 마디 말이나 건넬 수 있을 뿐이었을 테지만 나는 어쩐지 미안한 마음이 들었다. 그의 슬픔을 몰랐다는 게, 그는 그 터널을 자신의 힘으로 잘 건너왔지만 누군가는 그 절망을 이기지 못해 속절없이 스러지기도 했다는 것을 떠올리면서 그저 미안했다.

한국 사회의 구조가 많이도 바뀌었다. IMF 이후 본격화한 비정규 노동의 형태는 더욱더 가속화, 다양화, 세분화되었는데, 그런 구조와 긴밀히 맞물려 더 악화되는 것이 부동산 시장의 형태와 집약도인 것 같다. 〈서울〉이라는 이상한 나라에서 〈내 집〉을 가지는 것이 누군가에게는 결코 불가능해 보인다. 한국 사회가 집에 집착하는 것은 여전히 부가 일부의 계급 상승에 대한 욕망을 추동하고 이룩하는 필살기임을 보여 준다. 그런 과정에서 부는 정치와 결탁하고

〈합법〉을 빌려 강남, 역세권, 한강 뷰는 일가(一家)의 유산이 된다(합법이란 말은 위험하다. 법의 망에 합당하다는 말은 그 망을 빠져나갈 무수한 가능성, 그 공백과 결함을 포함하기 때문이다). 전세 사기가 비극적인 것은 내 집 마련이 성공의 잣대이자 일생의 소망인 많은 한국인의 가능보다는 (내 집 마련) 불가능 쪽에서의 최선일 결코 적지 않은 전세금이 그야말로 〈영혼까지 끌어모은〉 것이기 때문이다. 거기에는 정말이지 영혼이 들어가 있다. 저 미래에 대한 소망과 그 소망의 근처에 가기 위해 참아 내야 했던 순간들 말이다. 최근 기사에 따르면 서울 지역 임대차 계약 10건 중 6건 이상이 월세 또는 보증부 월세 계약이라고 한다. 〈전세의 월세화〉라는 주택 임대차 시장의 개편은 올해 한국 사회의 지형을 다시 한번 흔들지도 모르겠다.* 우리 사회의 욕망은 우리의 현실과 충돌하며 무참히 깨진다.

몇 년 전 우리 가족에게도 사기꾼의 마수가 뻗쳐왔다. 남동생이 그 검은 손의 타깃이었다. 남동생의 교육에 무척 공을 들인 엄마는 그가 대학에 다니도록 했고, 2년제 대학의 과

---

* 이강진, 「전세사기 겁난다, 서울은 〈월세시대〉」, 『세계일보』, 2025년 4월 30일 자.

를 바꾸어 가며 두 차례 다니고 지역 신문사에서 일하던 동생은 폐결핵과 배신감을 안고 그만두어야 했다. 그런 제도가 있다. 장애인을 고용하면 지원 제도를 통해 해당 기업에 혜택을 주는. 동생은 성실하게 일했고, 어머니는 또 그를 직장으로 부지런히 실어다 날랐다. 그러다 알게 되었다. 직원들이 주말 당직을 동생에게만 독박 씌운다는 것을. 얼마나 고단했던지 동생은 밭은기침 끝에 각혈했고 결핵을 진단받았다. 해당 신문사는 끝내 경영 악화로 임금까지 체납하기에 이르렀는데, 임금을 위한 집단 고소 과정에서도 동생만 빠진 것을 우리 가족은 나중에야 알았다. 그 후로 한동안 집에서 시간을 보내던 동생이 다시금 사회 복지사 자격증 취득을 위해 공부하고 싶다고 했을 때 오히려 예전보다 수월하겠다고 여겼다. 온라인으로 학업을 할 수 있는 제도가 생기지 않았던가. 동생은 3학년으로 편입하여 다시 2년을 수강하고 사회 복지사 자격증도 취득했다. 그리고 강의를 담당하던 교수가 자신을 기업체에 스카우트한 소식을 전할 때 그는 무척 들떠 있었다. 〈교수〉는 장애인들을 위한 사회적 기업 전환을 시도하려는 사업체를 설립했고 관리직 사원으로 동생을 영입했다는 것이다. 그렇게 6개월 남짓 흘렀을까, 하루는 동생과 통화하다가 나는 동생이 직원이 아닌 〈대표〉로 해당 사업체에 고용되었음을 알게 된다. 그리고 일은 도미노처럼 넘어졌다. 〈교수〉라는 이는 온갖 명함에 〈세계〉, 〈글로벌〉, 〈한국〉 등의 거창한 명칭을 붙여 넣고는(그것만 봐도 냄새가 난다) 이 기업체를 〈장애인 울타리 기업〉으로 등록해 정부 지원을 받을 요량이었는데, 그러기 위해서 장애인인 동생을 〈바지 사장〉으로 영입한 것이었다. 그간 이미 〈교수〉는 법인 카드를 동생 명의로 발급받아 차량을 구매하고 사무실의 온갖 집기를 사들였으며 그러는 동안 실제 노동자인 장애인 직원들의 임금이 체납되고 있었다. 어디에서 투자받아 정부 자금이 나올 때까지 때워 보려던 그에게 투자하는 이는 아무도 없었고 동생은 직원들에게 고소당하기에 이르렀다. 동생이 추운 날에도 매일 휠체어를 타고 경전철을 이용해 김해에서 부산을 오가며 성실히 출퇴근한 것을 알고 있다. 그러는 동안 〈교수〉는 새 차를 타고 유유자적 즐겼으며, 그가 엮어 준 〈의형제〉라는 인물 역시 동생에게 대출을 부탁하는가 하면 동생 명의의 개인 카드까지 가져가서 현금 서비스를 받아 쓰고 있었다. 바보 같아 보일지 몰라도, 나는 이해할 것 같다. 몇 년간 보아 온 교수가 세우는 거대한 그림은 동생에게 의심보다는 희망으로 보였으리라.

사기꾼을 붙잡기란 어려웠다. 그는 사기 이력에 걸맞게 서류의 어디에도 자신의 흔적을 남기지 않을 정도로 프로였고, 직원들이 동생을 대표로 인식하고 있었다는 점은 동생에게 불리하게 작용했다. 법의 해석으로 동생은 공범 더군다나 주범이었다. 이 일로 나 역시 몹시 마음을 끓였다. 우선 동생의 마음이 무너질까 두려웠고 엄마까지 염려해야 했으니까. 법원에서 오는 서류 앞에 엄마는 부들부들 떨며 무조건 나를 소환했으니, 나는 내가 할 일이라 여기면서도 가끔은 답답했다. 사건의 개요를 파악하기 위해 통화하다 보면 동생과 다툼이 일기도 했다.

사건은 동생의 집행 유예로 결론 났다. 결국 〈교수〉의 범죄는 인정되지 않았으나 2년이 조금 넘는 기간 동안 사건을 심리하면서 관계자는 여러 번의 조사와 상담 끝에 동생이 주도적으로 범행하지 않았음을 알 것 같다고 했다. 직원들의 증언도 그랬다. 그러나 그들은 임금을 받기 위해 대표자를 고발할 수밖에 없는 구조였다.

나는 아직도 그 〈교수〉를 생각하면 화가 난다. 동생에게 그런 식의 상처를 준 것이, 제대로 검증 없이 아무나 교수라는 직함으로 불릴 수도 있다는 사실도. 그렇게 사건이 갈무리되고 나는 동생과 엄마에게 정말 수고했다는 인사를 건

넸다. 엄마는 동생에게, 동생은 엄마에게 그 미안함과 공을 넘겼는데, 아쉽게도 그들 중 아무도 내게 고맙다는 인사를 하는 이는 없었다.

나는 평소에도 연주를 대견하게 여기는 마음을 갖고 있다. 음악 같은 그 이름으로 너무 일찍 어른이 된 것 같은 연주가 지금의 연주라서 좋다. 나는 내 동생이 어여쁘다. 그가 상처받거나 다치거나 소진되는 걸, 무엇보다 누군가에게 부당하게 이용당하는 걸 견딜 수 없다. 나는 다른 이들의 아픔을 무척 깊게 앓는다. 그런 내가 나일 수밖에 없듯, 그들도 늘 제 모습으로 되도록 밝은 쪽으로 고개를 돌리고 있길 바란다. 얼마 전 연주가 남자 친구에게 복권에 당첨되어서 정릉에 볕이 잘 드는 집을 사달라고 말하는 걸 들었다. 한 번도 그런 적은 없었는데. 일확천금만이 그 손실을 회복할 수단이라는 것. 사람이 요행을 바라게 되는 건 힘에 부칠 때라는 걸 나는 알게 되었다. 사기꾼이 연주에게서 빼앗아 간 것은 그렇게 차곡차곡 모아 가던 꿈이었다. 내 동생에게서 〈교수〉가 빼앗아 간 것이 가족들에게 당당하게 일하는 모습을 보이고 싶던 〈아주 보통의〉 꿈이었듯이.

내가 가르치는 어떤 것이 대단한 도움이 되리라 생각하

는 것은 아니다. 지금 나의 언어가 그들의 방향을 크게 바꾸기야 하겠냐마는, 그러나 되도록 소통의 가장 직접적이고 동시에 내밀한 창구로서 문해력을 조금 더 길러 주고 싶다. 그럼에도 사기꾼의 문장을 피해 가도록 가르칠 수는 없다. 사기꾼의 문장은 우리의 문해력을 초월하여 있는 것이고 그건 이 세상의 것이 아니다. 사람들은 때로 피해자를 나무라는 방식으로 위로를 건네기도 한다. 내가 사람에게 다쳤을 때 누군가가 나에게 그가 그렇게 중요한 사람이냐며 호되게 말한 것은, 나를 염려하는 마음인 줄 알면서도 아프게 들린다. 나를 배반한 사람이 중요해서가 아니다. 내가 바친 그 마음이 다친 거라서, 아무것도 아닌 사람이 내가 중하게 여기는 가치를 망친 거라서 오래 앓는 것이다. 사기를 당하고도 잘 버티어 준 그들이 나는 그저 대견하고 고맙다. 나는 이런 말을 해주고 싶다.

결코 네 탓이 아니야.

7관
광주

역사 기행과 성인식 사이에서

예술 대학 학생들은 중앙 동아리보다는 학과 공부를 병행할 수 있는 학과 동아리 활동을 했고, 그 동아리 간에는 교류도 활발했다. 그림을 그리고 사진을 찍고 영화를 공부하는 이들과 문학 하는 이들이 친하게 지냈으니 재미있는 일도 많았고 자연스레 연애도 많이 했다. 그리고 이 동아리들은 정세에 민감한 동아리라는 특징이 있었다. 내가 속한 동아리는 과거에 운동권 선배들이 집단 창작이라는 시의 형식으로 등단을 한 후 이 집단을 동아리로 계승한 것이었는데, 나는 집회니 운동권이니 그런 것보다는 〈문학으로 살아가려는 사람〉이라는 정체성을 만들어 가는 중이었기에 모든 것을 호기심으로 바라보고 있었다. 나는 방송 문학 동아리에 먼저 가입했지만 그쪽은 별로 신경을 쓰지도 못했다. 정기 모임 외에도 학습 일정이 그렇게 많았던 것인데, 시, 소설, 희곡 분과를 두어 각자의 전공에 따라 정기적으로 합평을 했고, 매주 목요일 정기 모임에서는 전체 합평회를 통해 다시 한번 합평 기회를 가질 수 있었으니 학과에서 순번을 기다렸다 한 학기에 한 번 겨우 하게 되는 합평을 여러 번 한다는 것은 별도의 기회처럼 보였다. 또 학년별로 진행되는 학습에는 고학번 선배가 도맡아 선생이 되어 중요한 서적을 함께 읽고 공부했다. 대체로 교과서 맨 뒤쪽에 짧게 실려 시험에도 출제되지 않던 현대사였다. 또 하나의 주요 활동 중 하나가 집회에 나가는 일이었는데, 선배들은 노동자의 농성이나 미 공군 사격 훈련으로 피해를 본 고장의 주민들을 위한 집회, 미군 장갑차가 뭉개고 가버린 여중생을 위한 집회 등에 힘을 보태기도 했다.

5·18 민주화 운동 기념일을 앞둔 5월의 초입, 총학생회가 기획한 광주 역사 기행 일정이 공지되었다. 제대로 된 현장 학습의 기회라 여겼고 나는 주저 없이 신청했다. 블랙 진에 하얀 셔츠를 입고 검은 단화 차림이었다. 나름대로 대학생이 되면서 콘택트렌즈를 착용하기 시작했었고, 5월의 볕을

피하려 역시 검은색의 캡을 초콜릿색 이스트팩(당시 국민가방)의 손잡이 부분에 매단 채였다. 광주에 도착하면 밤이 될 텐데, 출발을 해 질 녘에 하는 것은 좀 의아했지만, 때로 여행의 일정을 효율적으로 쓰고자 밤에 출발하는 사례도 있고 평일이라 강의가 끝난 후로 시간을 잡았겠거니 넘겨짚으며 전세 버스에 올랐다. 익숙한 얼굴의 예술대 친구들, 선배들과 함께였다.

역사 기행을 가는 길에는 노래를 익혀야 한다고 했다. 이미 5월이라 「임을 위한 행진곡」은 숙지가 된 상태였다. (지금은 모르는 사람이 드문 이 노래는 학과, 학교 행사의 시작 때 반드시 부르는 곡이었다. 외에도 동아리 내에 노래 분과가 있어 〈중요한〉 일을 앞두고는 항상 관련 노래를 익힐 수 있도록 했다). 버스 안에서 배우는 5월의 노래들은 하나같이 잔혹한 소묘였다. 이것도 역사 기행의 일부이구나, 진지한 마음으로 노래를 익혔다.

꽃잎처럼 금남로에 뿌려진 너의 붉은 피
두부처럼 잘려 나간 어여쁜 너의 젖가슴
오월 그날이 다시 오면 우리 가슴에 붉은 피 솟네
왜 쏘았지 왜 찔렀지 트럭에 싣고 어디 갔지

유지

망월동에 부릅뜬 눈 수천의 핏발 서려 있네*

금남로에 도착했을 때는 오후 8시 무렵이었다. 그러나 버스는 좀 더 달려 한적한 도로변에 우리를 삼삼오오 내려 주었다. 조금씩 어둠이 깔리기 시작했는데, 믿을 것은 선배밖에 없었다. 선배들은 이미 한 명씩 후배를 단단히 챙길 제 짝으로 지정해 놓은 상태였다. 이때까지도 눈치를 못 채고 있었는데, 버스에서 내려 돌아보니 몇 팀만 내릴 뿐 다른 이들은 다시 버스를 타고 유유히 가버리는 것이다. 그런 식으로 버스는 곳곳에 몇 사람씩을 떨구며 멀어졌고, 나는 기념관 같은 것은 찾아볼 수 없는 광주의 어느 거리를 멀거니 내다보았다. 그때 육교 위에 보였다, 그들이. 본능적으로 오금이 움츠러들어 짝꿍 선배의 팔짱을 꼭 끼었다. 아, 진짜 지리는 줄. 그들은 청바지에 데님 재킷, 그리고 헬멧을 쓰고 곤봉을 들고 있었다. 동아리 학습 시간에 읽은 『다시 쓰는 한국 현대사』에서 본 적이 있는 악명의 그들. 그들의 차림새는 그전에 보던 전투 경찰의 것과 달랐다. 활동성과 기동력 면에서 훨씬 뛰어나 보이는 그들의 차림은 누가 봐도 방어가 아닌 공격에 중점을 둔 〈실용적〉 복장이었다. 그제서

*「오월의 노래 2」 중에서.

야 나는 비로소 눈치챘다. 우리의 역사 기행이 얌전한 현장 학습이 아니라는 것을.

우리는 밤이 검어질 동안 괜스레 어딘가를 빙빙 걸었고 완전히 어두워졌을 때 조금씩 나누어 조선대학교로 들어갔다. 그런 식으로 2인 1조가 규칙적으로 돌아다니는 것이 더 눈에 띄는 거 아니냐고 내가 농담처럼 선배에게 물었다. 뾰족한 답을 하지 못한 채 우물거리던 선배 역시 긴장한 것이었으리라. 첫날은 조선대 교정에서 밤을 지새웠다. 날이 밝아야 잘 수 있다는 거였다. 잠들지 않았다는 것을 전경들에게 보여 주기 위해서 우리는 밤새 노래를 불러야 했다. 아침이 오니 뜨거운 햇살이 내리쬐었다. 그렇게 맞은 아침, 고단한 채로 대로로 나가자 행진이 시작되었다. 그리고 페퍼포그*가 최루탄을 쏘아 대기 시작했다. 알고 보니 얼마 전 조선대 학생이 집회 도중 경찰의 강경 진압으로 사망하는 사건이 있었던 게다. 평화적인 역사 기행이라는 것을 강조한 선배들에게 배신감을 느끼며 꼼짝없이 며칠을 조선대에 갇혀 있어야 했다. 단화는 운동화만큼 편하지 않았고 흰 셔츠는 더러워졌으며 며칠씩 콘택트렌즈를 끼고 있으니 결막염

* 가스차. pepper와 fogger의 합성어. 이후로는 시위 현장에서의 최루탄 사용이 금지되었다.

이 생겼다. 밥은 조선대 학생 식당에서 먹었는데, 그런 상황보다도 지금 이 시대에 데모하다 학생이 죽었다는 사실이 아무래도 부자연스럽고 불편했다. 경찰의 봉쇄가 풀리지 않자 선배들은 며칠 후 후배들을 먼저 내보내기로 하였고 우리는 빠져나와 망월동 묘역(구 묘역)에 들렀다 가기로 했다(맞아, 역사 기행이었지). 누군가에게는 아무 날도 아닌 5월의 평일 낮, 참배객은 아들의 사진 앞에서 소복 차림으로 울고 있는 어머님이 한 분 있을 뿐이었다. 어머니는 언제부터 울고 있었던 걸까(몽롱한 피로감 때문인지 몰라도 나는 처음에 그분이 유령인 줄 알았다. 왜 아니겠는가, 자식을 보내고 산 어미의 세월은 〈헛것〉인 채였으리라).

학교로 돌아가기 전 들고나는 기차역에서 우리는 〈소리통〉으로 지금 조선대에서 무슨 일이 벌어지고 있는지, 두 달 전 누가 죽었는지, 왜 죽었는지를 합창으로 시민들을 향해 고했다(오직 육성으로만 외치는 그 소리가 얼마나 큰 관심을 끌 수 있겠냐마는, 돌이켜 보면 그건 기억과 기록에 대한 하나의 체현된 형식이기도 했다는 생각이 든다). 곧장 기숙사로 가 찬물에 샤워하고(온수는 시간이 정해져 있었다), 잠을 자기 시작했다. 자고 일어나니 그새 저녁이어서 학생회실로 다시 향했다(단화를 벗어 두고 잠이 들었는데, 일어나 보니 책상 위에 쪽지가 있었다. 신발에서 냄새가 너무 나서 밖에 내놓았다는 룸메이트 언니의 쪽지였는데, 정신이 들고 신을 가지러 나가 보니 며칠 밤낮을 신고 지낸 단화에서는 정말 형용할 수 없는 냄새가 올라오고 있었다! 빤다고 될 일이 아닌 것 같아서 나는 신발을 버렸다. 냄새에 못 이겨 신을 내놓고 쪽지를 썼을 언니를 생각하면 아직도 미안하고 무안하다). 학과로 가서 함께 돌아온 사람들과 회의를 하기 위해 기다리는데, 방송 문학 동아리 선배가 술에 잔뜩 취해서 학생회실에 들어섰다. 그날은 5월 셋째 주 월요일, 성년의 날이었다. 동기들보다 한 해 생일이 늦은 나는 해당이 아니었고 그 선배는 같은 이유로 올해가 성년이었던 게다. 그날의 나는 광주에서 있었던 일로 머리가 온통 뒤엉켜 있었고 그래서 좀 멍한 상태였다. 며칠간 눈으로 보고 겪은 것과 기차역에서 바라본 시민들의 무심함, 그리고 학교에서 마주하는 성인식. 그건 또 뭐란 말인가, 술을 잔뜩 마시고 미대 누구 언니랑 자기를 연결되게 도와 달라는 그 선배의 취기가 한 번에 소화되지 않았다. 나는 아무 잘못도 없는 그 선배를 그날부터 마음으로 멀리 대했다. 축제 때 정기 공연 이후 방송 문학 동아리도 탈퇴했다. 그 연극에서 나는 주연이었고, 참 재미있었는데 말이다. 왜 탈퇴를 해야만 했을까.

그때 내가 받아들일 수 있는, 받아들여야 하는 현실은 아무래도 광주 쪽에 있었던 걸 테다. 그건 받아들일 수 없기에 반드시 받아들여야 하는 현실이었다.

나는 집회를 필사적으로 쫓아다니던 쪽도 아니고 오히려 그런 자리를 불편해하고 피하려던 쪽에 가까웠다(무엇보다 나는 달리기가 유독 느리다. 그래서 진심 무서웠다). 성실히 나가지 못하는 집회에 대한 부채감마저 늘 안고 있었으면서도 내가 그 동아리에 계속 남아 있었던 것은 문학 때문이었다. 문학을 한다고 할 때 내가 모든 것을 알 수는 없겠지만, 내 눈앞에 그것이 있고 그것의 규모가 작을수록 나는 그것을 외면할 수 없다고 당시의 나는 막연하게 생각했고 그건 지금도 변함없다. 내가 문학을 그런 식으로 생각하는 것은, 문학이 가질 수 있는 발화에 대한 영향력이 꼭 필요한 쪽에 쓰여야 한다고 믿기 때문이다. 생각해 보자면, 나는 그날 내 나이와 상관없이 성인식을 치른 셈이었던가. 그날 학생회실에서 광주 역사 기행과 조선대 선배의 죽음과 어쩌면 1980년 5월부터 울고 있었을지 모를 그 어머님이 헛것으로 살아왔을 세월과 그이의 손수건을 떠올리면서, 그런 것들을 어떻게 씹고 삼켜야 하는지 하나도 알지 못한 채로 아직 오지 않은 친구들을 기다리면서 그렇게. 열아홉의 나는 전혀 화려하지 않은 방식으로, 전혀 어른이 아닌 채로 어른의 문턱에 서성이고 있었다.

다시 광주를 찾은 것은 그로부터 너무도 오랜 후이다. (진짜) 역사 기행을 가기로 하고 찾은 광주는 머무는 동안 내내 환대를 보여 주었다. 금남로를 따라 옛 도청 쪽으로 걸어 도착한 전일빌딩에서는 한 무리의 대학생들과 함께 움직이게 되었는데, 해설사는 어디에서 어떤 목적으로 왔는지 일일이 물었다. 우리는 서울에서 왔다고 했고, 다른 무리는 광주의 대학생들이라 답했다. 해설사는 〈서울에서 온 학생들〉이 더 잘 보고 들을 수 있도록 앞을 내주었는데 나는 그게 다른 학생들에게 좀 미안하게 생각되었다. 그런데 이번에는 학생들이 답한다. 자기들은 가까운 데 있으니 언제든 올 수 있다는 거다. 1980년 당시의 주요 시위 기점을 돌아 이전한 국립묘지를 노선으로 하는 518번 버스를 타고 지역의 곳곳을 순회하는 동안에도, 5시 18분을 기다리던 옛 전남 도청 자리 마당에 있을 때부터 내리기 시작하던 빗줄기가 제법 굵어져 술맛을 돋우던 〈해태집〉에서도 나는 〈서울에서 온 학생〉이라는 이유로 환대받았다. 지하철에서는 할머니께서 본인이 앉아 있던 자리마저 내주려 하셨는데, 할머니는 훌륭한 일을 할 학생들이 앉아야 하는 거라셨다. 그러고 보니 그들에게 학생은 그런 사람이었다. 훌륭한 일을 할 사람. 그러니 저 환대에는 죽은 자의 훌륭함에 대한 믿음이 깔린 셈이고 나는 죽은 자들에게 빚을 진 것이다. 5시 18분이면 울려 퍼지는 「임을 위한 행진곡」의 장엄함이 그 엄숙함이 도시의 분위기를 헤친다고, 이제 그만 그 슬픔을 집으로 가져가라고 누구도 말하지 않는 도시, 그곳이 내겐 광주다. 그때 내가 만난 누구도 외지인들을 우선시하는 일에 서운함을 느끼거나 이의를 제기하기는커녕 몸을 한껏 열어 자기 자리를 내주었는데, 돌아와서 생각하니 그건 번역하자면 이런 말이었지 싶다.

〈기억해 줘서 고마워요.〉

계엄과 백골단이, 무장한 경찰이 죽지도 않고 돌아온 것을 이번 겨울 12·3 비상계엄 사태를 지나며 우리는 똑똑히 보았다. 우리는 어떻게 어른이 되어 가고 있는 걸까. 우리 사회는 얼마나 성숙했는가. 민주화도 성인도 되지 않은 채 이 사회가 얼렁뚱땅 나이만 먹어 가고 있지는 않나.

아직 훌륭한 일은 하지 못한 것 같지만, 미약하게나마 나는 내가 할 수 있는 방법으로 기억하고, 기록하려 한다. 어째서 이 당연한 일에 내가 그토록 미리 감사를 받았는지, 여간해서는 못 갚을 빚을 졌다.

그리울 수 없는 것이 그립다

몇 해 전 여름, 책을 함께 읽는 소규모 모임에 다녔다. 퇴근하고 부랴부랴 그곳에 갔고 어쩌다 광주에 관한 이야기가 나왔다. 모임원 중 한 사람이 어떤 시인의 이야기를 전했다. 「그 시인은 자신이 광주에서 태어났어야 한다고 늘 말하지.」 그 시인과 나는 친분을 나눈 적은 없지만 중요한 순간마다 내 앞에 등장했던 사람이었다. 예를 들어 나는 그의 북 토크 자리에 갔다가 〈본격적으로 시를 배우러 어디든 다녀야겠구나〉 생각하고 실행에 옮겼으며, 몇 년 후 그는 나의 시를 세상에 끄집어내 준 심사위원 중 한 명으로 나타났다. 그래서인지 그에 대한 말에 귀를 기울이게 된다. 「그 시인은 술 마실 때마다 자주 광주에 대해 말하곤 한대. 자신은 거기서 태어나지 않았지만 광주가 자기 고향 같다고.」 그때 우리의 모임은 〈어떤 역사적 아픔에 대해 당사자가 아니더라도 그것을 말할 수 있을지〉, 〈우리는 어떤 위치에서 어떤 어조로 어떤 사안을 말하고 쓸 수 있는지〉에 대한 고민을 나누던 중이었다. 그런 의문에 대한 좋은 예로서 그 시인의 일화가 나온 것이다. 나는 그 시인의 면면을 다시금 천천히 떠올렸다. 그가 써온 시를, 어딘가에서 그가 했던 말을 떠올리며 태어나지 않았지만 고향이라고 여기는 감각에 대해 오랫동안 생각했다. 동시에 광주에 꼭 가보리라 다짐했던 것 같다. 그러한 다짐을 실천하게 만든 데는 유지의 공이 크다. 2024년 한 해 동안 그와 만나 이런저런 이야기를 할 기회가 많았다. 우리의 시작부터 강렬한 리더십을 보이며 날 매료시킨 그는 언제든 만나면 뜨거운 이야기를 풀어놓곤 한다. 언젠가의 대화에서 그는 광주에 다녀온 이야기를 해주었다. 먼 곳에서 온 학생들이 광주의 이야기를 듣기 위해 왔다고 환대하는 사람들의 이야기와 5시 18분마다 「임을 위한 행진곡」이 울려 퍼지는 광장의 이야기였다. 나는 속수무책으로 이야기에 빨려 들어가다 그의 눈을 바라봤을 때 그렁그렁한 것들이 차올랐고 이제 광주에 가야 할 때가 왔다는 직감이 들었다.

그렇게 광주행 차편을 끊었다. 이 책을 쓸 요량이 아니더라도 나는 새로운 어딘가를 갈 땐 그곳이 배경으로 나오는 소설이나 그곳에 대해 얘기하는 산문집을 읽곤 한다. 광주에 가기 전에도 몇 권의 책을 새로 읽거나 다시 읽었는데, 그중에서 한 권은 광주에 가는 내내 조금씩 꺼내서 읽었다. 광주에서 태어나 살고 있는 한 평론가의 산문집이었다. 그 책을 택한 것은 그 평론가가 광주의 주요 장소에 대한 이야기와 그곳을 걸으면서 들을 만한 음악, 그리고 몇 장의 사진들을 실었기 때문이다. 그리고 무엇보다 그는 평생을 광주에서 살았다. 어떤 장소든지 그곳에서 태어나서 자란 사람들의 이야기는 신뢰가 가기 마련이다. 그 평론가는 꽤 염세적이었고, 그래서 더 속수무책으로 책에 빠져들었다. 그는 책에서 이 용어만큼 광주의 오월을 지칭할 적당한 단어를 찾지 못했다고 했다. 바로 〈절대공동체〉라는 말이다.

> 그 길 위에서 훗날 〈절대 공동체〉라 불리게 될 어떤 것(어떤 상황, 집단, 연대, 용기, 효과, 폴리스, 직접민주주의…… K는 그것을 지칭할 적당한 용어를 아직 찾아내지 못했다)이 발생했다.*

* 김형중, 『평론가 K는 광주에서만 살았다』(파주: 난다, 2016), 39면.

절대공동체는 1999년 출간된 최정운 교수의 책 『오월의 사회과학』에서 나온 말이다. 그는 광주 시민들이 투쟁을 통해 무장한 군인들에게 대항할 수 있었던 중심에는 절대공동체가 있었기 때문이라고 말한다. 나는 발음하는 것만으로 웅장해지는 이 단어를 완전히 이해할 수 없을 것이다. 그런데 왜 그 단어로부터 그리움이 솟구치는 걸까? 엉켜 있는 것들을 뒤로 하고 KTX 열차를 탔다. 송정역에 내려서 지하철을 타면 된다는 유지의 말을 떠올리며 구체적으로 어디를 가야 할지, 무엇을 봐야 할지 계획을 세우지 않고 그저 발걸음이 닿는 대로 있다가 올 생각으로 출발했다. 실제로 광주 지하철 역사에 도착했을 때는 그런 고민이 필요 없어졌다. 일렬로 그려진 지하철 노선도는 단 한 곳, 금남로를 향해 있었기 때문이다. 평론가 K의 묘사에 따르면 〈송정리에서 탄 지하철은 그러니까, 항상 광주에서 가장 장엄하고 무거운 지명 《금남로》를 향해 달린다〉. 나는 가장 장엄하고 무거운 지명으로 향했다.

가장 먼저 간 곳은 5·18 민주광장이었다. 지하철에서 내려 평일의 한산한 역사 안을 빠져나오자마자 7월의 무더운 태양이 내리쬐고 있었다. 그날따라 구름 한 점 없는 하늘에 피할 수 없는 빛이 사방으로 쏟아졌다. 아시아문화박물관 건물을 지나 광장으로 올라오는 길에 멀리서도 시선을 사로잡는 조형물이 보였다. 왕두 작가의 「승리」였다. 검지와 중지를 V 자로 펼친 희고 거대한 손가락 조형물이었고, 검지와 중지만 뼈가 앙상한 형태였다. 승리가 아닌 승리, 승리였던 적 없는 승리, 승리일 수 없는 승리, 작가는 그런 걸 나타내고 싶었던 걸까? 뼈와 승리, 그 모순적이지만 오히려 광주이기에 명징해 보이는 관계에 대해 중얼거리다가 작품 설명을 그냥 지나칠 뻔했다. 〈작가는 광주를 희망과 승리의 도시로 표현하고자 사람들의 일상생활에서 흔하게 사용되는 《V 포즈》를 사용하여 무의식에 잠재된 행복을 드러냈다. 순백색은 아시아의 행복하고 성공적인 미래를 기원하는 마음을 담고 있다.〉 희망, 승리, 행복, 성공, 미래 같은 단어를 눈으로 지나치며 어쩐지 등골이 서늘해졌다. 그런 단어로부터 부대끼는 감정이 일었는데 아마도 어디서든 그런 단어를 목격할 때 이미 내 것은 아닌 것처럼 느껴지기 때문이고, 광주에서 벌어진 일을 떠올리니 더 큰 괴리감이 느껴졌기 때문이다.

승리의 V 조형물을 지나쳐 생각보다 많은 계단을 올랐다. 땀이 쏟아질 무렵 땡볕에 서서 유일한 그늘을 드리우고 있는 나무 곁에 섰다. 키가 크고 잎을 무성히 달고 있어서 여러 나무 중에서도 유난히 도드라지는 나무였다. 한눈에 보기에도 오래돼 보였다. 그 나무는 〈목격자의 나무〉라는 이름을 갖고 있었다. 이 회화나무는 광주 항쟁을 모두 지켜봤으며 당시 시민군의 초소 역할을 하기도 했다고 전해진다. 그늘에 서 있으니 햇볕 아래 있을 때보다 먼 곳이 또렷이 보였다. 한데 아쉽게도 민주광장의 주요한 건축물들은 보수 공사를 하는 중이었다. 광장 근처에 세워진 크고 높은 건물들과 달리 조금은 왜소해 보이는 건물에는 보수용 건축 자재가 설치돼 있었다. 아쉬운 마음에 옛 전남도청, 상무관이었던 건물 근방으로 천천히 걸어갔다. 가까이 다가가니 안전을 이유로 세워 놓은 건설용 벽에 오래된 사진들이 인쇄돼 있었다. 거의 모든 사진이 흑백으로 인쇄돼 있었기에 컬러 사진 한 장이 유난히 도드라져 보였다. 1980년 5월 26일 프랑수아 로숑이 촬영한 사진이었다. 정중앙에는 〈흘린 피 헛됨 없이 끝까지 투쟁하자〉고 쓰인 커다란 팻말을 든 사람이 있었고 그 주위로 사진을 빼곡히 채우는 사람들이 있었다. 사진을 크게 인쇄했기 때문인지 그들의 얼굴은 실물 크기였다. 그 옆에 서니 군중 속 한 사람이 된 것 같았다. 5·18 민주화 운동은 5월 18일부터 5월 27일까지의 날로 기록되는데 마지막 항쟁 바로 직전의 날, 눈가가 붉은 짧은 머리를 한 중년의 여성, 박수를 치기 직전처럼 손을 올린 한 젊은 여성, 머리에 핀을 꽂은 채 무언가를 열중해서 듣고 있는 듯한 소녀의 얼굴을 한동안 서서 바라봤다. 그들은 어떤 마음으로 무엇을 생각하고 있었을까?

나는 물이 나오지 않는 분수대 앞을 지나치며 한강의 소설 『소년이 온다』에서 나왔던 한 대목을 떠올렸다. 〈어떻게 분수대에서 물이 나옵니까, 분수대에서 물이 나와서는 안 된다고 생각합니다.〉 1980년 오월을 겪은 뒤 마치 아무 일도 없었다는 듯 물이 뿜어져 나오는 분수를 본 한 소녀가 민원실에 전화를 걸어서 했던 말이었다. 어떻게 그럴 수 있는지에 대한 물음. 민원실 직원들은 매번 전화를 걸어 〈제발 물을 잠가 달라〉는 소녀의 말에 인내심 있게 응대했으나 딱 한 번 나이 든 사무원이 소설 속에서 이렇게 말한다. 〈그만 전화해요, 학생. 학생 같은데 맞지요. 물이 나오는 분수대를 우리가 어떻게 하겠어요. 다 잊고 이젠 공부를 해요.〉 물이 나오는 분수대를 끄고 켤 수 없는 것일까? 그것조차 민원실에서 할 수 없음을, 혹은 아무 일 없는 듯 꾸며 내야 하는 어떤 압박이 있었던 걸까? 단언컨대, 그 소녀는 공부를 잘하는 사람일 것이다. 그녀가 공부를 게을리했더라면, 분수를 꺼달라는 요청을 하지 않았을 테다. 그렇다면 대체 무슨 공부를 어떻게 더 하라는 건가? 사무원의 책임 없는 말에 대해 나는 주관적이고, 속절없는 물음을 되뇔 뿐이었다. 하지만 그날 그에 답한 것은 물이 나오지 않는 분수대였다. 단지 시간이 일러서 작동되지 않은 것이겠지만 그 분수대는 물이 나오지 않아도 존재감을 뿜고 있었다. 광장의 한복판, 이토록 큰 분수대에서 물이 나오는 상상을 하니 그건 하나의 즐거운 축제의 한 장면 같았다. 소녀의 절실한 전화가 어디선가 들려오는 듯했다. 여기였구나. 이곳을 지나면서 사람들은 광주 항쟁 이후 분수가 솟고, 신문과 방송에는 스포츠 관련 소식만 호도되고, 광주에 대한 진실한 보도는 한 줄도 나오지 않는, 마치 아무 일도 없었다는 듯 굴러가는 기이한 일상이 있던 것이다.

물이 나오지 않던 분수대를 거쳐 전방으로 보이는 전일빌딩 글자를 찾아 읽고서 그 건물로 향했다. 작은 건널목의 신호등을 기다리며 흰 벽으로 된, 계단 통로가 노출돼 있는 오래된 건물의 외관을 훑어볼 겨를을 얻었다. 인터넷에서 찾아봤을 때 외부 계단에 〈Love Life〉라는 그라피티가 있던 걸로 기억이 나는데, 지금은 리모델링을 거쳐 그것을 볼 수는 없었다. 나는 군인들의 총탄이 시민을 향해 날아들었던, 광주 한복판에서 〈삶을 사랑하라〉는 문구를 읽는다면 어떨지 내심 궁금했던 것 같다. 전일빌딩은 1968년 세워진 건물로 당시 금남로에 들어선 최초의 10층 건축물이었다. 지역의 상징물이면서 동시에 중요한 사회적 의미를 지닌 곳이기도 하다. 1980년 5월 27일 도청 진압 작전 당시 시민군이 이곳에서 저항했고 무장한 계엄군의 무자비한 폭력을 그대로 보여 주는 증거다. 왜냐하면 전일빌딩의 상층 창문에는 지금도 여전히 당시 헬기 사격으로 인한 탄환 흔적을 보존하고 있기 때문이다. 리모델링을 거치며 이름도 새롭게 전일빌딩245로 붙였는데, 245라는 숫자의 의미는 빌딩에 남아 있는 탄흔 개수를 의미한다.

 나는 1층에 들어서서 어떤 전시가 마련돼 있는지 직원의 설명을 들을 수 있었다. 그날 여력이 된다면 망월묘지공원에 가보고 싶었기에 때마침 광주를 잘 아는 직원에게 물었다. 바로 옆에서 컴퓨터로 가장 가까운 경로를 찾아봐 주셨고 건너편으로 쭉 올라가면 518번 버스가 망월묘역을 간다고 했다. 나는 제법 멀리 떨어진 그곳까지 가기에 시간적 여력이 있을지 궁리하며 전시가 시작되는 옥상으로 올라갔다. 그곳에서 전망을 살펴보며 아래 전시실로 내려오는 순서였기 때문이다. 정확히 낮 12시 해가 직선으로 내리꽂히는 옥상에는 그야말로 그늘 하나 없었다. 유리문을 열고 나갈 때까지 시간이 걸렸지만 10층 높이 건물에서 내려다보니 5·18 민주광장, 시계탑, 분수대, 금남로 등이 훤히 눈에 들어왔다. 주변 지역도 둘러보고 있는데 저 아래에서 아까 봤던 직원이 숨 가쁘게 뛰어오고 있었다. 손차양하고도 눈을 찡그리는 그녀의 이마에는 땀이 맺혀 있었다. 「선생님 제가 더 빨리 가는 경로를 알려 드리려고 왔어요! 아까 알려 드린 길은 좀 더 걸어야 돼요!」 나는 길을 잘못 알려 준 것도 아닌데 왜 이렇게 숨 가쁘게 뛰어왔냐 물었다. 그녀는 내가 이 더위에 광주까지 왔는데, 조금이라도 덜 걷길 바랐다며, 혹시라도 나를 놓치면 어떡하나 걱정했다고 서글서글 웃었다. 아주 잠깐 우리의 머리 위로 커다란 나무 그늘이 드리운 것만 같았다.

전일빌딩245의 전시는 광주 항쟁에 관한 입체적이고도 방대한 기획으로 숨이 가빠질 정도였다. 그중에서도 오래 발길이 떨어지지 않았던 섹션은 〈오월 일기, 진실을 기억하기 위한 시민의 기록〉 부분이다. 조한금 일기, 조한유 일기, 주소연 일기, 주이택 일기 등 5·18민주화운동기록관에서 발굴한 일기들을 볼 수 있다. 어떤 어린 소녀는 학교에서 두루뭉술하게 알려 준 〈무서운 일〉을 조심해야 한다며 시위에 나간 언니와 오빠 들이 다치지 않고 집으로 돌아가길 바라는 간절한 마음을 며칠간의 일기에 써내려갔다. 한 여성 학생은 정부의 무력 진압에 대한 분노를 서슴없이 휘갈겨 쓰며 이 사실을 모두가 정확히 알아야 한다고 울분을 토했다. 젊은 종교인은 사건의 경위를 차분한 어조로 낱낱이 기록하며 광주 항쟁의 실체를 남기기 위해 애쓰는 모습을 보이기도 했다. 기록한 자가 어떤 감정으로 어떤 사안을 바라보는지에 따라, 어떤 처지에서 광주 항쟁을 겪었는지에 따라 손으로 눌러쓴 글씨가 선연히 달라졌다. 노트에 처진 줄을 무시하면서 커다랗게 휘갈기듯 기록한 사건의 면면은 아마도 이 모든 것을 정확히 기억해야만 한다는 저자의 마음에서 비롯됐을까. 엊그제 아침 쓴 나의 일기는 어땠나. 밤 늦게 잠이 안 와서 아침에 일어나는 게 힘들었으며, 어제는 누구를 만났고 무엇을 먹었는지 쓰여 있을 것이다. 일기는 대부분 일상의 조각들이 있기 마련인데, 그들의 한 권 일기 속에 광주 항쟁에 대해 목격하고 기록해야만 했던 그 페이지를 떠올린다. 눈물을 떨군 종이는 마르고 또다시 젖으며 우그러졌을까. 세월을 지나며 몇 번쯤 더 펴봐야 했기에 종이 날이 조금 무뎌졌을까. 이제는 한 날의 일기가 완전히 좌우로 펼쳐져 광주에 오는 수많은 사람 앞에 존재하게 될 줄 예감이나 했을까. 그 전시실에 오래 머물며 쓰는 일에 대해 생각했다. 진실을 기록하는 일, 오랫동안 기억하기 위해 쓰는 일에 대해서 말이다.

나는 점심을 먹기 위해 밖으로 나왔다. 뭇 여행이었다면 지역의 유명한 음식을 열심히 찾아봤겠지만, 그러고 싶지 않았다. 끼니를 때울 만한 것을 찾아 두리번거리다 보니 가까운 건너편에 〈엄마 주방〉이라는 작은 식당이 눈에 띄었다. 어쩐지 엄마가 보고 싶은 생각도 들어 무작정 그곳에 들어갔다. 우리 엄마의 연배 정도 돼 보이는 여자 사장님 한 분과 손님 한 명이 있었다. 사장님이 남자 손님을 삼촌이라 부르며 대화를 이어 가는 걸 보니 친족 관계이거나 친한 사이 같았다. 원래 혼자 밥 먹는 걸 잘하지만, 그날따라 도란도란 나누는 타인의 대화가 혼자 하는 식사를 외롭지 않게 해주겠다고 생각했던 것 같다. 사장님은 내게 식사를 가져다주며 삼촌과 옛날 어렸을 때 무슨 놀이를 했는지 얘기하고 있었다며 친근히 말을 붙이셨다. 나는 자연스럽게 대화의 일원이 되어 어른들이 논에서 뱀을 잡고 계곡에서 물놀이했던 기억 속으로 함께 빨려 들어갔다. 두 분은 광주에서 나고 자란 분이신 것 같았다. 나는 광주에 처음 온 거라 그런지, 이 지역 사람들은 원래 이렇게 따뜻한가 싶었지만 나중에야 그 이유를 알게 됐다. 사장님은 내가 자주 오는 손님이라고 착각했던 모양이었다. 나는 그것이 착각이더라도 어쩐지 좋은 기억으로 남을 것 같았다. 요즘에는 뭐 하고 노냐며 물어보던 사장님은 삐삐가 있던 시절만 해도 지금처럼 팍팍하지 않았다고 하셨다. 스마트폰이 나온 뒤로 다들 그것에만 빠져 있는 것 같다고. 나는 식탁 위에 둔 스마트폰을 가방에 슬쩍 넣으며 나는 요즘 뭘 하고 노나 생각했다. 평소에 별로 놀러 다니지 않는데, 그나마도 술이나 마셔야 논다고 생각하는 것 같다. 안타깝게도 술 마신 다음 날은 놀았다기보다 죽다 살아난 것 같아서 문제다. 사장님 덕분에 나는 집으로 돌아가서 재미있게 노는 방법을 궁리해 보겠다고 다짐했다.

　이날 나의 광주행은 사람으로 치자면 첫 만남이었다. 나는 광주의 첫인상에 대해 기억하며 몇몇 사람의 얼굴을 떠올리고 있다. 그래서 또 한 명의 얼굴을 기억해 보건대 〈손탁 앤 아이허〉에서 만난 사람의 얼굴이다. 그는 카페에서 긴 스탠드형 의자에 걸터앉아 카페를 어떻게 이용하면 되는지 조용히 알려 준 중년 남성이었다. 그는 긴 머리를 묶었던 것 같고 다양한 책의 컬렉션, DVD, 음반, 잡지 들이 무성히 꽂힌 보물 같은 곳에 있었다. 그는 혼자 왔다면 2층에 앉아도 좋고 원한다면 1층의 1인 좌석에 앉으면 된다고 안내해 주었다. 나는 그가 이 멋진 공간의 주인일 거라 직감했다. 나는 아메리카노를 주문하고 1층에 꽂힌 책등을 훑으며 회전 계단을 올라 2층으로 향했다. 아뿔싸. 한 벽면이 모두 시집이었다. 나는 어떤 전설적인 번역가를 인터뷰하던 그의 서재를 빼고는 이렇게 많은 시집이 꽂혀 있는 것을 본 적이 없다. 도서관도 아닌데, 지금은 구할 수 없는 시집부터 최근에 나온 시집들까지 책장에 빽빽했다. 바로 그 책장 앞에 자리를 잡고 편안히 앉아 책등을 살폈다. 당장 꺼내서 읽고 싶은 것들이 한가득이었는데, 내게 5시 18분까지 두 시간밖에 남지 않았기 때문에 신중하게 선택해야 했다. 책등을 쓸며 아래로 시선을 내리다가 시집 『미제레레』를 보았다. 이제는 절판되어 중고 서적을 구해 읽으려던 참이었다. 조심스럽게 시집을 꺼내 빨갛고 검은 색으로 된 표지를 보았다. 강렬한 끌림은 대체로 옳은 결과를 가져다준다. 앉은자리에서 그 시집을 다 읽었고 어쩌면 광주에서 이 시집을 읽게 된 건 잘한 일이라는 생각이 들었다. 시 속 화자는 〈시민〉으로서 말한다. 그중 「서정」이 전일빌딩245, 5·18민주화운동기록관에서 마주했던 시민들의 언어와 중첩돼 읽혔다.

살과 살

그것은 온통

피로 씌어진 언어의 화살

모든 말이 없어질 때까지

서로의 입을 찢는,

찢긴 입 속으로 익사하며

기어코

기억이기를 단념하는,*

시 속에서 〈기억〉이란 무엇일까. 이 시 전체에는 기억은 두 번 등장한다. 우리는 살이고, 서로에게 쏟아지면서 감옥을 완성하는 존재다. 우리에겐 끔찍한 말의 기억이 있고 그것들을 서로 물어뜯으며 시간의 붉은 아가리를 벌린다. 그 모든 소리와 말의 합을 화자는 〈기억에 갇힌 채 귀를 막고 가라앉는 사랑〉이라 표현한다. 그렇기에 시 속에서 기억이란 어떤 감옥으로부터 새어 나올 수 없는 육중하고 단단한 무엇이며 화자는 그렇게 있어서는 안 된다고 말하는 것 같다. 오히려 살과 살 그 틈새로 끊임없이 흘러내리는 피, 그러니

* 김안, 『미제레레』(서울: 문예중앙, 2014), 22면.

까 우리가 서로의 입을 찢고 그 속으로 익사할지라도 계속해서 감옥 살 사이로 비집고 나오며 기억이기를 거부하는 피가 되어야 한다는 뜻으로 읽어도 될까.

내가 여기서 하려는 이야기들도 살과 살 사이를 비집고 흐르려는 피의 운동과 닮았다는 생각이 들었다. 거대한 역사는 때로 너무 거대하여 다가서기 힘들고, 너무 웅장하여 바라보기 어려울 때가 많다. 〈역사〉라는 단어는 언제나 어려웠다. 그것은 〈배워야〉 아니 〈외워야〉 하는 것이었기 때문이다. 때로는 너무 처참하여 다시 복기하고 그 이야기를 다시 끄집어내는 일, 그 자격이 내게는 없다고 쉽게 치부하기도 했다. 하지만 스스로 이 통증은 어디에서 왔는지 물을수록 역사는 여기, 내 발아래로 자꾸 불려 왔다. 그것은 피를 흘리며 말하는 사람, 그 사람의 입을 〈찢어서〉 그 찢은 입속으로 〈익사〉하는 일과 같지 않은가. 〈찢는〉 행위는 역사를 감옥 안에 그대로 방치하고 서서히 망각하는 일과는 완전히 반대에 있다. 찢고 익사하는 행위는 아프고 괴롭다. 하지만 계속해서 옥사 밖으로 피가 흐르고 그 피는 또 다른 사람의 입을 찢는다. 그것은 귀를 막지 않고 가라앉지 않는 사랑이라고 부르고 싶다.

「서정」에서 〈피로 씌어진 언어의 화살〉은 김남주 시인의

「길」에서 인용한 행이었다. 김남주 시인은 전라남도 해남에서 태어나 광주제일고등학교를 중퇴하고 전남대학교 영어영문학과를 중퇴했다. 그는 남민전 사건으로 15년형을 선고받고 서울 구치소에 갇혀 1980년 광주 항쟁의 소식을 들었다고 전해진다. 그는 옥중에서도 광주 항쟁에 대해 화장지든, 은박지든 가리지 않고 시와 편지를 써 그의 아내 박광숙에게 보냈다. 먼 곳에서나마 광주 학살에 함께 대항하지 못한 점을 아쉬워하던 그의 말을 오늘 본 전시실에서 읽었던 것 같다.

  5시 10분. 나는 부랴부랴 짐을 챙겨서 5·18 민주광장의 시계탑 앞으로 갔다. 매일 5시 18분마다 시계탑에서「임을 위한 행진곡」이 울린다는 이야기를 유지에게 전해 들었기 때문이다. 나는 매년 5월 18일도 아니고 매일 5시 18분마다 멜로디가 울려 퍼진다는 사실을 듣고 온통 마음이 먹먹했다. 우리는 보통 슬프거나 괴롭다고 인식된 사건의 표식들을 일상에서 하루빨리 밀어내려고 한다. 그런 사회에서 자라온 나 역시 머리로는 이해되지만 일상을 사는 사람의 마음으로는 숨이 턱턱 걸리는 기분이 들었다. 정확히 5시 18분이 되자 시계탑에서 세 번의 종이 치고「임을 위한 행진곡」을 상기하는 단순하고도 복잡한 멜로디가 울렸다. 작은 돌계단에 앉아서 전일빌딩245의 꼭대기 층과 시계탑을 번갈아 바라보며 그 곡을 조용히 들었다. 어떤 사람은 휴대전화를 가로로 들고 시계탑과 분수대를 찍었고 어떤 사람은 가방을 고쳐 메고 시계탑보다 좀 더 먼 곳을 바라보며 계속해서 걸었다. 어떤 사람은 자전거를 타고 분수대 주변을 빙빙 돌았다. 분수대에서는 전과 달리 무수한 물방울이 어떤 힘으로 뿜어지는 중이었다. 그들에게는 이 노랫소리가 어떻게 들릴까? 나는 문득 궁금해졌다.

나는 대체로 고통스러운 기억을 떠올리게 하는 물건을 어딘가 안 보이는 곳에 넣어 두려고 하는 편이다. 삶의 허무와 죽음에 대해 염세적으로 얘기하면서 정작 누군가 쳐들어 와 날 죽일 수도 있다며 베개 밑에 총을 두고 잔다고 알려진 한 모순적인 철학자의 행태와 비슷한 거다. 작은 가시, 작은 생채기도 끊임없이 쳐다보고 괴로워하는 나는 어쩌자고 이 거대한 고통 앞으로 걸어온 걸까? 그 시계탑이 내게 그렇게 묻는 것 같았다. 그러면서 자신의 이름표를 슬그머니 내보여 준다. 전남도청 앞에서 광주 학살을 지켜본 시계탑은 1980년 신군부에 의해 농성광장으로 옮겨졌고 2023년 5월까지 거기에 머물렀다. 광주 시민들은 이 시계탑은 제자리에 있어야 한다며 2015년 1월 지금의 위치로 되돌려 놓았다. 목격자는 죄를 지은 사람을 떨게 만드는 법이다. 비록 이 시계가 인간의 언어로 증언할 순 없지만 매일 5시 18분마다 더 직관적인 방식으로 모두에게 증언하고 있는 셈이다. 그리고 목격자보다 무서운 것이 있다. 바로 양심이다.

> 그래요, 양심.
> 세상에서 제일 무서운 게 그겁니다.
> 군인들이 쏘아 죽인 사람들의 시신을 리어카에 실어 앞세우고 수십만의 사람들과 함께 총구 앞에 섰던 날, 느닷없이 발견한 내 안의 깨끗한 무엇에 나는 놀랐습니다. 더 이상 두렵지 않다는 느낌, 지금 죽어도 좋다는 느낌, 수십만 사람들의 피가 모여 거대한 혈관을 이룬 것 같다는 생생한 느낌을 기억합니다. 그 혈관에 흐르며 고동치는, 세상에서 가장 거대하고 숭고한 심장의 맥박을 나는 느꼈습니다. 감히 내가 그것의 일부가 되었다고 느꼈습니다.*

빼곡히 모인 사람들 모두를 꿰뚫는 단 하나의 양심이 아니라 그들 각자의 양심이 제각기 반짝이는 순간. 아마도 한강

* 한강, 『소년이 온다』(파주: 창비, 2014), 114면.

작가가 묘사한 바로 이 순간이 어쩌면 〈절대공동체〉의 찰나가 아닐까 하는 생각이 들었다. 〈내가 좋은 사람이 되었다〉는 느낌, 어떠한 숭고한 심장의 맥박에서 일부가 되었다는 느낌, 지금 죽어도 좋다는 느낌. 내가 경험한 적은 단 한 번도 없지만 그의 문장을 천천히 읽으면서 나는 자꾸 그들이 만끽했던 해방과 자유의 찰나가 속절없이 그리웠다. 나는 매해 광주에 오게 될 것이고 한동안 그곳에서 유년을 보낸 사람처럼 광주를 사랑하게 될 것이다.

8관
서대문

목줄의 혜읨

덕수궁에서부터 정동길을 따라 걷다가 경향신문사 사옥에서 큰길을 만나 독립문 영천 시장에 이르렀다. 이즈음 우리는 서로의 원고를 대략 읽은 터였고 「나가며」를 남기고 한번 만나야겠다 싶었기 때문이다. 봄볕이 너무 따갑지도 않을 만큼 흩뿌려져 나무의 연두색 잎을 곱게 키워 올리는 모습이 기특하기만 한 4월이었다. 우리는 전에도 가본 적 있는 시장 옆 골목으로 들어섰고 수제 맥줏집으로 들어갔다. 브루어리에서 뽑아낸 맥주는 시원하고 향긋했다.

 서대문 일대를 걷다 보니 참 좋은 곳이다 싶었다. 그런 수도의 좋은 터에 감옥을 짓고 독립운동가들을 수감한 저의에는 전시 효과를 노린 것도 있었을 테다. 1908년부터 경성감옥이란 이름으로 서 있는 그 건물은 서대문형무소역사관. 그렇게 보란 듯이 버티고 선 적벽 감옥은 서대문 일대의 어디보다 햇빛이 비쳐 들었으나 스산하기 이를 데 없었다. 수감실 복도를 걷는 내내 어쩐지 속이 불편했는데, 고문실에 이르렀을 때는 구역감에 오래 머물 수가 없었다. 사람이 사람을 벌한다는 것, 사람이 사람을 해한다는 것은 무엇인가. 누가 누구를 그리할 수 있는가. 만약 그래야 한다면 그것은 또 누구여야 하는가. 사람의 목을 매달도록 동그랗게 매듭지어진 교수대의 밧줄을 바라보며 생각했다.

2024년 12월 3일 밤을 우리는 잊을 수 없다. 우리의 겨울이 얼마나 지난하게 이어졌는지, 연말 모임이나 크리스마스가 중요한 것이 아니라, 그 사태를 부정의라고 말하기 위해, 그렇게 정의의 판단을 내리기 위해 우리의 겨울은 길게도 이어졌다. 4개월도 그렇게 길기만 한데, 36년간의 어둠을 그 긴긴 밤을 어떻게 신념만으로 싸울 수 있었을까.

우리가 함께 봤던 몇 편의 영화 목록 중에는 「퍼스트레이디」가 있다. 전 영부인 김건희의 면모를 모르는 이는 드물지만 혹 확인하고 싶다면 이 다큐멘터리를 보면 된다. 대통령을 선출하는 과정에서 국민이 그 배우자까지 선택할 수는 없는 노릇이지만 영부인의 활동은 전에 없이 선을 넘는 것이어서 적잖이 당황스러웠다. 우리는 어떤 지도자를 원하는가. 우리가 누군가에게 그에 맞는 격을 요구한다는 것은 어떤 뜻인가. 중국 사람들은 특히 〈맨쯔(面子)〉를 중요시한다. 그런데 한국인도 이 맨쯔, 즉 체면을 중국인 못지않게 중하게 여기는 듯하다. 한국인의 체면은 〈우리〉라는 단어와 맞물려 있는 것처럼 보인다. 우리만큼 우리라는 단어를 많이 쓰는 민족은 없을 거다. 내가 사는 집도 〈우리 집〉이고 내가 홀로 키우는 강아지도 〈우리 개〉다. 이런 우리의 남발은 일체화에서 온다고 생각된다. 어머니가 자신의 아이를 제 몸으로 여기는 것처럼, 남편에게 잔소리하는 부인이 그를 일체화하는 것처럼. 그런 마음이 〈우리〉에 담겨 있으니 대통령도 우리 대통령이고 영부인도 우리 영부인이 된다. 그러니 우리가 기대하는 〈격〉이란 저마다의 소망이 담긴 일체화가 수렴된 거대한 모종의 바람인 셈이다. 그 바람은 자체로 무겁고 크다, 해서 신중함이 요청된다. 「퍼스트레이디」에 담긴 몰래 찍은 영상이 아니더라도 그이의 행동은 면면이 격까지도 못 미치는 상식 미달의 것이었다. 막대한 예산을 들인 집무실의 이전, 이상할 정도로 잦은 해외 순방에서 보여 준 격식에 대한 몰이해와 개인의 학적, 사업과 이해관계를 둘러싼 숱한 의혹 등 〈우리〉의 얼굴이 홧홧해졌던 건 그것이 〈우리(나라)〉의 격이라는 대표성을 지니기 때문이다.

헌법 재판소의 만장일치로 대통령의 자격을 박탈당해 놓고도 자신이 국민을 향해 어떤 짓을 했는지 모르는 윤석열의 격도 절대 만만치 않다. 부창부수. 그날 밤, 모두가 믿을 수 없는 광경에 심장을 부여잡았지만 1980년 광주를 기억하는 이들에게 그날은 더 얼마나 공포와 경악으로 칠해진 검은 밤이었을지 감히 짐작할 수도 없다. 그런 국민을 향해 〈경고성 계엄〉이란 단어를 발포한 그의 역사의식, 윤리의식, 그런 것들이 쌓아 올렸을 한 사람의 〈격〉이 믿을 수 없을 만큼 참혹한 수준이다. 3년여 동안 그의 행보에 대해 동의할 만한 것은 없다고 봐도 무방한데, 그중에서도 대일 외교는 그것이 외교라 이름 붙일 수 있는 것인지도 의심스럽다. 한국과 일본이 오랜 매듭을 풀지 못하고 적대하는 일은 시민의 차원에서라면 스포츠에서 더 적극적으로 드러난다. 한때 교과 과정에서 선택 과목으로 전락하는 수모를 겪기도 했던 한국사 교육의 부재는 문제를 더 악화시켰다. 성적으로 매겨지지 않으면 알 필요도, 그럴 가치도 없다는 식의 논리 앞에서 학생들을 탓할 수도 없을뿐더러 그래 놓고 역사를 잊은 민족은 미래도 없다는 식의 명언을 침 튀겨 봐야 씨알도 안 먹힌다. 한국사는 다시 교과 과정에 포함되었지만 교과서의 내용에 대한 신뢰는 의문이다. 그런 상황에서도 한일전에 사활을 거는 것은 이상한 모양새다. 무언가 흥분할 거리를 찾는 이들에게 한일전은 흥미진진한 스포츠이고, 거기에 양국의 역사는 전투력을 위한 스토리텔링이 된다. 그것을 게임으로 이해해 본다면 이보다 더 핍진한 롤플레잉이 어디 있겠는가. 한편, 그것이 과거와 현재라는 긴 시간성에 대한 이해와 다소 모호한 실체라는 개념으로 받아들여질지도 모를 역사라는 복잡다단함에 비할 때 짧은 시간 안에 승부를 낼 수 있는 명분 있는 전투라는 육체성으로 이해할 수도 있을 것 같다. 그렇게 볼 때 저 관중들은 일본에 대항하며 〈국뽕〉에 차오르게 되고 승부는 국가 간 자존심 대결이 된다. 한국형 SF의 지평을 넓히는 중인 황모과의 『스위트 솔티』에 수록된 「시대 지체자와 시대 공백」에는 다소 끔찍한 상상력이 펼쳐진다. 그러니까 왜곡된 역사가 〈진짜〉로 둔갑하고 날조의 진실에 적응하지 못하는 이는 지체자가 된다는 이야기. 거기서 광주의 이야기는 신군부의 용맹과 폭도의 난동으로 각색된다. 내가 해설에 썼듯 〈시대 지체자들이 끝내 쥐고 있는 진실을 축출하며 시스템의 반복을 통해 역사의 정상성이 결국 어떤 힘에 의해 이룩된 것임을 지목하는 소설은, 의심을 삭제하는 시대 정신의 반복을 통해 《헐거워진》 역사와 함께 무고한 죽음에 방점을 찍는다〉.* 그리고 그런 소설은 현실과 너무도 닮아 있기에 SF의 통념을 뚫고 나온다.

그 작고 동그마한 목줄에 바른말을 하는 입이 줄줄이 목숨을 내걸었다. 시대의 정의가 있다면 우리는 그 목줄에 내 목을 내놓을 수 있을 것인가, 혹은 누구의 목을 매달 것인가. 폭력적 단죄를 요청하는 것이 아니다. 민주 시민의 자격은 스스로 갖추어 나가는 격, 올바른 입, 정의로운 것을 판단하고 비정의를 목매달 줄 아는 판단력을 요청한다는 것을 다시 한번 저 목줄 앞에서 깊숙이 생각해 보는 것이다.

---

* 황유지, 「이토록 다디달고 짜디짠 SF와 현실 가로지르기」, 『스위트 솔티』 작품 해설 중에서.

보였다가 안 보이는 벽돌 벽

벽돌 벽 앞에서

서대문형무소역사관에서 집으로 벽돌 한 장을 가져왔다. 일제 강점기에 경성감옥 노역장에서 만들어진 벽돌은 오래돼서 부스러기가 떨어진다. 손으로 만지면 이것을 만들던 누군가의 거친 손과 연결되는 느낌이 든다. 왜 붉을까, 붉은색은 어디서 왔을까, 그러다 이내 확신한다. 피. 나는 피 묻은 벽돌을 마음 가장 깊은 구석에 놓는다. 서대문형무소역사관을 마주 보며 그 주변의 이야기를 읽고 공부하고 둘러볼 때마다 벽돌이 자꾸 젖는다. 모서리부터 벽돌의 중앙까지 조용하고 서서히, 흠뻑 젖은 벽돌은 마음 안에서 그 존재감을 더해 간다. 무겁다. 내려놓고 싶다. 벽돌이 가만히 웃는다. 아무 표정도 없는 것 같지만 미세하게 떨리는 입꼬리. 나는 벽돌을 가만히 보며 그 모습을 기록하기로 한다. 〈무엇을 말하는가에 책임이 있는 것이 아니라, 무엇을 말하지 않으며 어떻게 말하고 있는가에 대해 책임이 있다〉는 로먼 앨버레즈와 카르멘아프리카 비달(책 『번역, 권력, 전복』을 엮은 저자들)의 말처럼 서대문형무소를 이야기할 때 으레 하는 이야기가 아닌, 무섭고 두려워서, 나를 관통하는 통증이 느껴져 쉽게 하지 못한 이야기, 이미 축축한 마음이 더이상 흡수할 수 없어서 벽돌로부터 어쩔 수 없이 줄줄 흘러나오는 이야기, 그것을 말해야 할 것 같다.

〈벽돌아, 벽돌아. 너는 무엇이 되고 싶니?〉 벽돌을 사랑한 근대 건축 거장 루이스 칸이 한 강연에서 했던 물음이다. 그러자 벽돌은 마치 이렇게 말하는 듯했다고. 〈저는 아치가 되고 싶어요.〉 그는 〈모든 재료는 되고 싶은 무엇인가가 있다〉는 의미로 벽돌을 의인화하여 이야기를 전한 바 있다. 일제 강점기 한국의 관공서와 옥사 대부분에는 당시 독립운동으로 형을 살던 사람들이 노역장에서 만든 벽돌을 사용했다. 당시 서대문형무소에 투옥될 사람이 넘쳐나는 바람에 마포 공덕동에 경성감옥을 확장해야 했고, 그곳에서 수감자들은 가혹한 노역에 시달리며 〈서울 경(京)〉 자가 박힌 벽돌을 만들어 냈다. 자기 몸의 한가운데 경 자라는 낙인이 찍힌 그 벽돌은 무엇이 되고 싶었을까? 한낱 벽돌 한 장도 되고 싶은 것이 있는데 한 사람으로서 나라를 찬탈한 울분을 안고서 강제로 고된 노동을 감내해야 했던 그들의 마음은 어땠을까?

나는 벽돌로 지은 건물에 유난히 마음이 갔다. 특히 지금처럼 매끈한 외장재로 갑옷을 두른 프리미엄 아파트 단지가 넘치는 동네에서, 사람의 속도로 쌓은 벽돌집을 보면 뻔뻔하게 그 앞을 두리번대며 건물을 구경하고 싶다. 주거 공간이 과밀한 서울에서 고즈넉한 벽돌 건물을 유지할 수 있다는 사실이 더 높은 계급의 상징일지도 모르지만 말이다. 어릴 적부터 보고 자랐던 따뜻하고 정겹던 다세대 주택의 모습만 남아서일까? 친한 친구와 벽돌 담장에 숨어서 비밀 이야기를 하던 장면 때문일까? 붉은 벽돌로 차곡차곡 쌓은 벽돌 벽에 기대는 상상을 하면 뒤통수부터 어깨, 등허리까지 봄 햇볕에 달궈진 벽돌의 기분 좋은 온기를 느낄 수 있다. 하지만 이 책을 위해 이곳저곳을 유지와 함께 걸어 다니면서 붉은 벽돌에 스민 감정이 복잡다단하게 엉켰다.

일제 강점기 때 불 번지듯 번지는 항일 운동은 일제 치하의 정부가 계속해서 옥사를 짓게 했다. 그중 몇몇 항일 투사는 또 다른 투사를 가두기 위한 벽돌을 만들어야 했을 것이다. 벽돌들은 일본의 위세를 상징적으로 보여 주는 권위적인 건물을 세우는 데 쓰였다. 그 낡은 벽돌 한 장을 빼내 그것에게 무엇이 되고 싶었느냐고 묻는다면 무슨 말로 운을 뗄까? 자신이 무엇이 되고 싶다는 말보다 자신이 무엇을 보았는지, 무엇을 기억하는지에 대해 한참을 쏟아 낼까. 제국주의적 폭력을 일삼기 위해 하나의 국가를, 수천의 한국인을 가두고 고문하고 이내 죽이기 위해 고안된 공간, 벽돌은 아마도 자유를 부르짖었지만 씻을 수 없는 생채기만 남은 그들의 수모, 그리고 원치 않게 잔혹한 무대가 된 자신의 수모에 대해 말하지 않을까.

서대문형무소역사관을 관람하다 보면 층고가 높은 커다란 방이 하나 나온다. 밖으로는 붉은 벽돌이 빼곡한 형무소의 풍경이 보이고 안으로는 작은 카드가 마치 벽돌처럼 온 방을 뒤덮고 있다. 이곳은 현재 남아 있는 5천여 장의 수형 기록 카드로 만든 전시 공간이다. 수형 기록 카드는 일제강점기 소위 〈사상범〉으로 분류된 사람들의 감옥 수감 상황과 일부 수배자, 요시찰 인물을 기록한 낱장의 종이 재질로 된 카드이다. 가로 15센티미터, 세로 10센티미터 한 장의 앞 뒷면에 사진과 신상 정보, 수형 사항이 기록되어 있다. 한 명 한 명의 얼굴을 보고 있으면 가슴 중앙에 묵직하게 놓인 벽돌로부터 가마처럼 뜨거운 것이 활활 타오른다. 무겁고 뜨거워 손을 갖다 댈 수 없다. 그런 마음으로 천천히 한 장씩 보다 보면 계속해서 들어오는 이미지가 하나 있다. 까마득한 것을 생각하는 담담한 표정으로 사람들이 벽돌 벽 앞에 서 있다는 것이다. 그들의 뒷배경이 되는 공통의 벽돌 벽은 한국에 건축이라는 개념조차 들어오지 않았을 시절, 공고하게 쌓인 근대 건축물 앞에 서 있는 사람들의 위압감을 상상하게 만든다. 오와 열을 맞춘, 겉으로 보기에 절대 무너지지 않을 것 같은 폭력 앞에서 사람들은 수형 기록 카드에 넣을 사진을 찍었다.

영화 「항거」의 첫 장면에 수형 기록 카드에 넣을 사진을 촬영한 장면이 나온다. 유관순 열사는 3·1 운동 후 서대문 형무소로 잡혀 온다. 그는 용수를 쓰고 포승줄에 묶여 앞도 보지 못한 채 벽 앞으로 끌려간다. 용수란 수감자가 이동할 때 다른 사람이 그 얼굴을 보지 못하게 하는 용도로 만든 것이다. 벽 앞에 선 유관순 열사에게 사진을 찍으려고 온 남성 경관은 일본어로 말한다. 〈귀신 찍을 일 있냐? 기분 나쁘잖아〉 하고 말하니 여성 간수가 열사의 얼굴에 흰 분칠을 한다. 투옥 시 모진 폭행과 고문을 당했던 열사의 얼굴을, 악행의 증거를 숨길 목적이었을 것이다. 독립운동가들이 섰던 그 벽돌 벽을 다시 생각해 본다. 국권을 되찾기 위해, 자유를 되찾기 위해 몸을 내던진 사람들의 여윈 등을 생각한다. 나는 그 벽의 벽돌 한 장이 된다. 그들의 존재를 지켜본다. 지금은 역사의 뒤안길로 돌아갔고 다시는 만날 수도, 그들의 괴로움을 위로할 수도 없지만 그들을 오래 묵묵히 지켜봐야만 하겠다고, 다짐한다.

벽 안의 여자들

「항거」는 독립운동가를 다룬 여느 영화와 조금 다르다고 느꼈다. 유관순 열사를 비롯한 여성 독립운동가들이 서대문형무소에서 1년간의 생활을 집중적으로 보여 주기 때문이다. 이는 일제 강점기의 고통에 더하여 식민지 여성의 젠더에 관한 이중고에 대해 생각하게 만드는 단초가 된다. 영화에서 강렬하게 기억나는 몇 가지 장면이 있다.

첫 번째는 수감자들이 옥사가 너무 비좁아서 앉지도, 눕지도 못하고 계속해서 원을 그리며 걷는 장면이다. 그들은 아리랑이나 애국가를 부르곤 했는데, 간수는 이 노래가 전 옥사로 퍼지는 것을 막기 위해 철문을 세게 치며 경고하곤 했다. 관순은 다 같이 노래 부르다가 누가 오면 노래를 멈추는 행동이 꼭 〈개구리 같다〉고 말한다. 이들은 개구리 울음소리를 따라 하며 서로 잠깐 웃기도 한다. 간수들은 주동자를 색출하겠다며 복도에 8옥사 수감자를 일렬로 세운다. 유일하게 일본어를 할 줄 알던 옥이가 부당하게 타박하는 간사를 향해 우리는 개구리가 아니라고 대답했다. 이때 관순은 옥이만 곧장 독방으로 끌려갈까 봐 한국말로 〈우리는 개구리가 아니다〉라고 함께 외친다. 점점 다른 수감자들도 함께 외치며 간수를 매섭게 노려본다. 우리는 개구리가 아니다. 포식자가 겁을 준다고 하여 울음을 멈추는 존재가 아니다. 힘센 자가 군림한다고 하여 우리의 입을 닫을 수는 없다. 그녀들의 외침은 지금 나의 외침을 깊은 곳으로부터 인양한다. 우리는 폭력적이고 힘 있는 자의 비이성적인 구애를 거절하고 스토킹을 폭로한다고 해서 죽어 마땅한 존재가 아니다. 우리는 남들이 불편하다는 이유로 숱한 혐오와 공격을 받더라도 한국의 유교 문화와 가부장제 사회가 은폐해 온 오점을 지겹도록 끄집어낼 것이다. 우리는 국가와 사회가 약자인 개인을 소외시키다 못해 소거한 숱한 사건과 사고를 잊지 않고 끊임없이 되새김질할 것이다. 우리는 역사적 사건과 사고를 힘에 부치다는 이유로 재빨리 잊고 새로 시작하자는 맹렬한 속임수에 넘어가지 않을 것이다.

우리는 이 모든 이야기를 돌림 노래로 만들어 계속 부르고 기억하고 악쓸 것이다······.

두 번째는 여러 처지의 여성들이 〈자유〉에 대해 말하는 장면이다. 관순은 옥이에게 비슷한 또래처럼 보이니 말을 놓자고 얘기하는데 옥이는 〈나같이 다방에서 차나 나르는 천한 여자〉와 어떻게 말을 놓냐며 되묻는다. 그러자 관순은 말한다. 〈그게 더 말이 안 되죠. 그런 차이, 차별 없애려고 우리가 만세 부른 거예요.〉 식민지 조선에서 여성들은 일제 치하라는 억압에 더해 지금보다 더 짙은 유교 문화, 가부장제 등 전통적인 젠더 억압으로 이중고를 당하는 현실이었다. 이를 이광수의 1918년작 『무정』에서 극명하게 보여 준다.

> 조선에서 여자는 견마나 다름없었소. 그네는 교육을 받을 권리가 없었고, 자기의 인격은 주장한다든가 독립한 생활을 영위함은 몽상도 못하였소. 같이 회당에 출석하여 같이 찬송을 부르게 되매, 상제의 앞에 평등한 자녀라는 사상을 얻게 됨은 야소교의 덕이외다.

개나 말이나 다름없었다는 일제 강점기의 여성들에 대한

묘사는 당대 사회가 여성을 얼마나 천하게 대했는지 보여준다. 당대 여성들은 가정생활에서의 행복을 최고의 행복으로 여겼다. 실라 미요시 야거에 따르면 〈한국에서 국가라는 개념이 제기될 때, 한국의 가부장적 친족 내에서 여성이 담당하던 전통적 역할을 포함한 공동체적 상상은 거의 배제(혹은 억압)되지 않았다. 새로운 문명을 수용하고 과거와 투쟁하는 과정에서도 결코 전통적 절개를 완전히 버리지 않았으며, 오히려 그 절개를 새로운 애정의 대상(국가)을 향해 고스란히 전환하여 적용했다〉.* 지금도 별반 다를 것은 없지만 당대에는 국권을 침탈당한 것을 여성의 성적 착취, 신체적 오염에 비유했다.** 이러한 〈절개〉와 〈고결〉한 여성의 몸은 신격화하는 동시에 보편적 여성들의 교육과 권리, 자유에 대해서 사회는 그 필요성을 전혀 느끼지 않았다. 하지만 유관순은 극중에서 〈자유란 하나밖에 없는 목숨을 하고 싶은 것에 마음껏 쓰는 것〉이라며 나라의 조선의 자유뿐만 아니라 억압받는 여성의 자유까지 외쳤다. 당대 질서대로 기생이나 다방 종업원 등 직업과 나이, 그 어떤 요

---

* 실라 미요시 야거, 『애국의 계보학』, 정희진 기획, 조고은 옮김(서울: 나무연필, 2023), 89면.
** 같은 책, 91면.

소로 서로를 차별하지 않았다.

안 보이는 벽 앞에서

서대문형무소역사관에는 어른과 함께 현장 학습 온 아이들이 많았다. 한 젊은 부모는 아이의 눈높이로 설명하기 위해 일제 강점기의 상황을 풀어서 설명했다. 〈못된 일본 놈들이 이렇게 많은 우리나라 사람을 잡아다가 죽이고 고문했어. 정말로 나쁜 짓이야. 손가락을 대나무로 만든 못으로 마구 찌르면서 고문을 했어.〉 나는 그들을 보며 서대문형무소역사관이 지닌 다양한 의미가 저들에게 어떻게 여겨질까, 너무 버겁지는 않을까. 동시에 나의 유년 시절도 떠올랐다. 그때 나는 초등학교 저학년이었던 것으로 기억한다. 나는 아빠와 동생들과 함께 이곳을 방문했다. 아마도 여름 방학 숙제를 하기 위해 들렀던 것 같은데, 독립운동가들의 굳센 용기와 일제의 잔악성이 내게는 큰 충격으로 받아들여졌던 것 같다. 나는 인간이 어디까지 악할 수 있는지, 그토록 명백히 눈으로 본 적이 없었고 잔혹한 내용에 몸서리를 치면서도 궁금증이 점점 더 커졌다. 인간의 악마적 부분을 보며 나는 왜 흥분을 느꼈던 건지 그 이유에 대해서는 기억이 나지 않는다. 집으로 돌아와서 전화 모뎀으로 연결한 느린 인터넷으로 731부대의 만행과 일본인 위안부로 불려 간 위안부들의 모습을 찾았다. 몇 개 알지도 못하는 욕을 모조리 쏟았고 나는 저런 상황에서 독립운동가처럼 맞서 싸울 수 있을지 상상했던 것 같다. 그러면서 친구들과 일본은 섬이라 물에 잠겨야 한다 등의 말들을 했던 것도 같다.

   그 후로 시간이 흘러 고등학생이 된 나는 특이한 영어 학원 선생님을 만났다. 거대한 덩치의 중년 남성이었던 그는 매일 정장 차림이었다. 외적으로 뿜는 위압감은 학부모들이 자녀를 믿고 맡길 수 있는 지표로 작용했던 것 같다. 본인의 전공 분야가 아니었을 텐데, 그는 조선의 땅이 고구려 때부터 얼마나 컸는지 침을 튀겨 가며 설명했다. 그는 소위 〈서연고〉에 들어가지 않으면 자기에게 연락하지 말라는 식의 학벌주의자였으며 공부는 맞으면서 해야 한다는 폭력주의자였다. 신문지를 두껍게 말아 그 위를 검은색 박스 테이프로 칭칭 감은 후 틀리는 수만큼 학생들의 등을 내리쳤다. 그는 학원에서 메이드 인 재팬이라는 딱지가 붙은 필기구는 모조리 밟아서 부러뜨렸다. 그리고 학생들에게 국산 볼펜을 쥐어서 돌려보냈다. 원생들의 불만 속에서도 나는 그가 멋있다고 생각했다. 서대문형무소역사관에서 이를 바득바득 갈았던 나는 그것이 소위 강인한 〈애국〉이라 쉽게 믿었기 때문이다.

　폭력을 폭력으로 갚아야 한다고 가르치면 안 된다. 폭력은 약한 국가와 약한 사람에게 드리웠을 때 얼마나 처참한 결과가 뒤따르는지 직시하도록 가르쳐야 하는 게 아닐까? 제국주의와 선진국의 이데올로기가 지닌 폭력성을 알려 주려면 적어도 약한 권위의 학생을 〈공부를 못 한다는 이유〉로 무자비하게 때릴 수 없음을 보여 줘야 하지 않았나. 사회가 줄 세운 기준에 상위권이 아니라는 이유로 그 누구도 〈루저〉로 불러선 안 된다. 심지어 〈교육자〉로부터 발화돼선 안 되는 말이다. 그것은 일제 강점기 시절 근대화가 느린 약소국에서 태어났다는 이유로 지배당해야만 발전하는 국가로 여기는 것과 다름없지 않을까. 우리가 정말 원하는 것이 어떤 대상을 죽도록 미워하고 복수하고 원한을 되돌려 주는 것일까? 지금 와서 생각해 보면 일본에 대한 이분법적 사고에 그쳐서는 안 되는 일이었다. 우리는 일본에 대한 원한을 갚으려고 이러는 것인가? 제국주의와 민족주의, 나아가 국가 대 국가 간의 전쟁, 힘의 논리로 약자를 짓밟고 그 위에 서려는 거대한 폭력에 반기를 들어야 하는 게 아닐까?

　유관순은 조국 독립을 위해 자유를 부르짖던 자신에게 〈죄수〉라 부르지 말라며 항거한다. 만세 1주년을 기념한 옥중 만세 운동의 주동자가 유관순임을 들켜서 차마 두 눈 뜨고 보지 못할 고문을 당한다. 관순은 누워만 있을 정도로 기력이 다 빠진 상태로 홀로 눈을 감는다. 「항거」의 마지막 장면은 다시금 더 무거워진 벽돌의 무게를 느끼게 한다.

　　유관순은 구타로 인한 방광 자궁 파열로 출소 이틀 전, 1920년 9월 28일 사망했다. (중략) 서울 이태원 공동묘지에 안장되었던 유관순의 시신은 1939년 일제가 비행장을 그곳에 건설하며 결국 유실되고 말았다. 일제로부터 해방된 후 반민족행위특별조사위원회는 1949년 유관순을 고문한 혐의로 〈정춘영〉을 체포했으나 이승만 정권에 의해 동 위원회가 강제 해산되면서 이후 어떤 처벌도 받지 않았다.

서늘한 지하 독방, 그 깊고 끝없는 어둠 앞에서 〈왜 그렇게까지 하느냐〉는 한 수감자 물음에 〈그럼 누가 합니까?〉라고 되물은 관순의 답을 떠올리며 서대문형무소역사관 전시실을 무거운 마음으로 둘러보았다. 파놉티콘 형태의 한 옥사에 들어서니 방마다 2024년 이달의 독립운동가를 지정해 팻말을 세워 두었다. 첫 번째 방에 들어서자마자 벽돌처럼 붉지도, 잡히지도 않는 높고 거대하고 보이지 않는 벽을 마주한 기분이었다. 1월의 독립운동가 팻말엔 이승만이란 이름이 쓰여 있었다.

  제법 따뜻해진 3월의 공기를 맞으며 역사관을 걸어 나왔다. 기후의 온화함은 지나온 벽돌 감옥의 서늘함을 비참하리만큼 기억하게 했다. 서대문형무소역사관의 출구로 나와 보니 이곳은 거대한 아파트 숲으로 둘러싸여 있었다. 서울의 여느 동네와 다름없는 모습이었다. 그중에서도 독립운동가들의 안위를 살피던 가족들이 모여 살던 옥바라지 골목, 그곳이 위치했던 곳에는 대규모 아파트 브랜드 이름들이 시선을 강타했다. 폭력의 잔상과 함께 우리는 각자의 방향으로 흩어졌다. 오늘 저녁엔 몸을 잘 돌보라는 인사를 잊지 않았다.

9관
고향

놀이, 기타, 편지

고향이라는 단어가 낯설다. 오래된 사람들처럼 고향 생각에 눈물을 흘리거나 고향에 돌아가고 싶다거나 하는 감정을 느낀 적은 없다. 향수병을 앓아 본 적도 없고 고향에 애착을 느끼며 자랑스럽다고 여긴 적도 없다. 그런 줄만 알았다. 나는 서울 변두리에서 태어났고 여차저차해서 잠시 경기도에서 산 적도 있지만 결국 다시 서울에서 살고 있다. 그런 내게 고향이란 대중교통으로 40여 분만 가면 닿을 수 있는 그런 장소다. 고향의 아름다운 기억을 그보다 아름답게 써내려가고 싶은 생각은 없었다. 하지만 이 책을 위해 몇 가지 장소를 지나다 보니 한 가지 깨달은 것이 있다. 나는 아직 여물지 못한 사람이라 고통을 마주할 체력이 없다는 것이다. 고통으로 글을 쓸 재간도 없고, 그것을 어떻게 다루는지도 점점 더 요원해질 뿐이다. 평소에는 그저 지나치던 장소에 얽힌 이야기를 시간을 두고 들여다보는 작업은 매번 나를 고꾸라지게 만든다. 하지만 나를 일으키는 것도 그 이야기들이었던 것 같다. 그 이야기 속에서 일어서려는 사람들, 회복하려는 장소들, 화해하려는 마음들이 나를 일으켰다.

고향은 뭘까? 〈자기가 태어나 자란 곳〉이라는 사전적 정의를 읽어 보니 지리적 출생지를 말한다. 하지만 그것은 조금 와닿지는 않고, 고향을 내 식대로 정의해 보자면 그것은 〈나를 일으키는 감각〉 같다. 요가 선생님이 자주 주문하는 꼬리뼈부터 척추뼈까지 저 밑에서 끌어올리는 코어의 감각 같은 것 말이다. 코어의 힘이 없으면 대다수의 동작을 제대로 할 수 없다. 고향이라는 장소를 설명한다면 내 일신에 부침이 생겼을 때 격하게 휘둘리거나 넘어지지 않도록 저 밑에서부터 나를 지탱하는 장소인 것 같다. 나는 그 장소의 감각을 몇 가지 불러내 보기로 했다.

첫 번째는 놀이의 감각이다. 나는 태어나서 스무 살 무렵까지 고덕동에 살았다. 고덕동을 떠올리면 가장 먼저 놀이터, 산, 운동장 같은 노는 장소들이 먼저 떠오른다. 나에겐 두 명의 남동생이 있고 둘은 일란성 쌍둥이다. 그 애들은 동네를 누비다 못해 굴러다녔다. 동생들이 당장 달려 나갈 태세가 된 경주마들이라면 나는 기수였다. 어렸을 때 나는 항상 한 명씩 양쪽 손으로 붙잡고 다녔다. 나중에 동생들은 눈가리개를 한 경주마처럼 뛰어다녔고 나는 그 둘이 시야에서 사라질 것 같을 때마다 〈엄마한테 이른다!〉 소리를 지르며 따라다녔다. 우리는 함께 태권도 학원에 다녔으므로 뛰고 자빠지는 데는 자신이 있었다. 언젠가 난 혼자 산을 돌아다니다가 재밌는 데를 발견했다. 마치 무슨 비밀스러운 놀이터라도 발견한 사람처럼 동생들을 데리고 그 장소로 갔다. 일명 〈방방이〉였다. 그 산은 제법 관리가 잘되는 지역이었고, 여름철에 나무가 우거지면 관리소에서 나뭇가지를 꺾어 골짜기 같은 곳에 차곡차곡 쌓아 뒀다. 그곳에 어쩌다 올라간 나는 대단한 짜릿함을 느낀 것이다. 두 동생을 데려온 나는 보란 듯이 용수철처럼 뛰었고 그들도 서너 번 발을 굴러 보더니 어느새 웃음을 만개하며 그 위를 방방 뛰어다녔다. 지금도 둘의 자지러지는 웃음소리가 들리는 것만 같다. 그 이후로 방방이는 우리의 동네 탐방 코스에 언제나 끼게 됐다. 차츰 〈누나, 우리 방방이 갈래?〉하고 나를 괴롭히기 시작했고 나는 방방이 옆 이름 모를 비석 핑계로 거기 귀신이 있을지도 모른다며 몇 번은 마다할 수 있었다. 하지만 내심 방방이가 타고 싶은 날이면 동생들을 꼬드겨서 방방이까지 산을 내달렸다. 몸에서 튀어 오르는 용수철이 아직도 느껴진다! 두 번째는 화장실 청소라 쓰고 스케이트 타기라 불린 놀이다. 우리가 어렸을 때 엄마는 잠깐씩 아르바이트하러 다녔다. 나는 동생들을 재밌게 해주면서(물론 나부터 즐거워야 했다) 동시에 엄마의 밀린 집안일을 도울 방편을 궁리했다. 대단한 기획력이라고 할 수 있겠는데 그것은 화장실이라는 무대가 필요하다. 푹푹 찌는 여름 우리는 화장실에 널브러진 물건들을 대충 치우고 그곳에 비누칠한다. 구석구석 꼼꼼히 비누칠한 뒤 사정없이 미끄러지는 것이다. 서로 몸을 밀고 와글와글 굴러다니면서 깔깔댈 수 있으며 동시에 화장실 바닥이 깨끗해지는 효과를 누릴 수 있다. 집에 돌아온 부모님께는 화장실 청소를 해 놨다며 으스댈 수 있고 동생들을 신명 나게 놀아 줄 수 있었다. 비가 내려서 밖에 나가지 못하는 날엔 식탁 의자를 구조체처럼 놓고 이불을 뒤덮어 아지트를 만들기, 화이트칼라 사무실 직원인 척 종이로 노트북을 만들어 분주하게 일하는 놀이(맙소사 우리들의 미래였다니!)도 했다. 겨울에는 산등성이를 따라 난 수로에 눈이 쌓이면 포대를 마련해 썰매를 타고 놀았다. 그 밖에도 탈 것은 무지 많았는데, 롤러블레이드, 킥보드, 자전거, 가끔 아빠나 할아버지 찬스를 써서 오토바이 뒤에 타기도 했다. 방방이, 얼음땡, 탈출, 화장실 스케이트 등등 그 밖에 이름 붙이지 못한 무수한 놀이는 나의 고향이다. 그것을 생각하는 것만으로 산을 내달리는 발바닥의 느낌, 뒷산에서 나던 완연한 여름의 냄새 등이 따라온다. 지금도 본가에서 동생들을 만나면 폭설 때 야밤에 나가 썰매를 타거나 여름에는 계곡에서 등을 떠민다. 그러면 낄낄대는 우리 앞에 고향이 불쑥 나타난다.

  나를 일으키는 또 하나의 공간은 기타다. 유년 시절을 떠올리면 마치 배경 음악처럼 기타 소리가 들린다. 아빠는 내가 태어나기 전부터 통기타를 치고 노래 부르며 살았다. 그 취미는 지금도 계속 이어지는 중이다. 이제는 버스킹도 한다. 최근에는 아빠보다 나이가 많은 1호 팬클럽 회장도 생겼다. 아빠의 기타 치는 소리는 곳곳에 있었다. 비 오는 날 부침개 부치는 부엌에서, 설거지하고 빨래하고 청소하고 이마에 송골송골 땀이 맺히는 엄마 옆에서, 멀리 떠난 피서지에서, 할아버지 제사상을 준비하고 있는 거실에서 등등. 집안일은 나 몰라라 엄마에게 맡겨 두고 베짱이처럼 노래 부르는 아빠가 미웠던 적도 있다. 하지만 아빠의 노래들은 지금도 즐겨 듣는 나의 플레이리스트이기도 하다. 엄마도 내가 어릴 적에 기타 좀 그만 치고 일 좀 도우라고 소리를 쳤던 기억이 난다. 그러면 다툼이 일기도 했다. 기타 소리가 마냥 좋은 것은 아니었지만, 아빠도 그때 나름의 고충이 있었을 것이다. 집세라든가, 다섯 식구의 생활비라든가 등등 주로 아빠가 돈을 벌어 왔기에 그에 따른 보이지 않은 고충을 기타와 노래로 털어 버리려 했던 걸까. 우리는 각자의 고단함의 총량을 늘 찰랑찰랑 채우며 산다. 지금의 나보다 더 앳된 모습의 아빠, 그로부터 주름이 하나씩 늘어가는 아빠, 그분들이 내 주변에서 쳐주었던 기타 소리는 이제 어떤 하나의 공간이 되었다. 아빠가 부르는 곡들은 1990년대 발라드부터 1980년대 포크 송 등 한국 가요들이 많다. 한국 가요 특유의 헌신적인 사랑의 노랫말, 이를테면 죽음도 갈라놓을 수 없는 우리들의 사랑이라든지 이별 후에도 죽을 것만 같은 그리움이라든지 그런 노랫말이 때로 일상에서 울려 퍼졌을 때 오묘한 공간감을 만들어 낸다. 나는 아빠가 부르는 곡 중에서도 이문세, 산울림, 김광석의 노래를 좋아한다. 아빠에게 후하게 칭찬해 드린 적은 없지만, 그 노래를 듣고 있으면 조용히 집중하게 되고 나지막이 따라 부르게 되고 어느 순간 일상에서 사사로운 골칫덩이들을 멀찍이 떨어져서 볼 수 있게 만드는 효과가 있는 것 같다. 좋다는 얘기다. 또 틈만 나면 기타를 껴안고 노래를 부르는 아빠의 모습을 보며 나 역시 언제든 껴안을 수 있는 (사람이 아닌) 무엇을 어서 만들어야겠다는 생각도 했다.

최근에 미루고 미루다가 아빠로부터 작고 단단한 클래식 기타 하나를 받아서 내 집으로 데려왔다. 사실 어렸을 때도 아빠 옆에서 얼쩡대면서 곁눈질로 기타 연주를 보기도 하고 몇 개 튕겨 봤는데 그 쇠줄이 억세 손가락이 아팠고 매번 조금씩 배우다가 포기하기 일쑤였다. 대학생 때는 한 곡에 꽂혀서 옥상 다락방에서 타브 악보를 보며 「하울의 움직이는 성」 전반부를 연습했던 기억도 있다. 기타를 집에 데려온 뒤부터 연주할 수 있는 곡이 하나 더 늘었다. 산울림의 「청춘」이다. 아빠가 홀로 기타를 치고 노래할 때는 몰랐는데 직접 해보니 아빠가 왜 그런 시간을 틈틈이 갖는지, 그 시간에 열성인지 조금 알 것 같다. 한국 가요의 노랫말에 전해지는 문장이 마치 선언문처럼, 편지처럼, 영혼을 보내는 굿처럼 주변에서 조용히 울리면 그 자체로 특정 상대에게 닿지 않지만 반드시 전하고 싶은 누군가에게 혹은 모두에게 그 말을 들려주는 것만 같다. 그리고 기타 소리는 낮게 퍼지는 고요한 연못처럼 아늑한 공간을 만들어 준다.

마지막으로 편지라는 공간이 있다. 나는 세 살 때 두 동생이 태어나고 나서 갑작스러운 위상 변화가 힘들었다. 혼자서 모든 어른의 애정을 꿰찼는데 그것을 단번에 뺏긴 느낌이었기 때문이다. 어린 나는 꽤 오랜 시간 어른들의 환심을 사기 위해 아픈 척하거나 우울한 척하거나 뭔가를 자랑했다. 그중에서도 이른바〈청승 떨기〉를 자주 했다. 괜히 혼자 구석에서 웅크리고 있거나〈나는 엄마나 아빠에게 별로 중요한 사람이 아니냐〉며 징징거리기도 한 것 같다. 특히 동생들 먼저 재워 주고 내게 오겠다는 엄마의 말을 믿지 않고 이불 속에서 불쌍하게 보이기 위해 훌쩍였다. 그것은 속내가 있는 행동들이었다. 그때는 엄마의 사랑을 독점할 수 없다는 사실이 동생들을 미워하는 마음으로 번지기도 했다. 그래서 동생들을 괴롭힌 적도 많다(갖은 방법을 동원해서). 엄마는 아빠의 수입만으로 세 남매를 키울 수 없다고 판단하시고 내가 초등학교 고학년이었을 때부터 일을 나갔다. 그럴 때마다 집에 돌아오면 엄마가 써둔 쪽지들이 있었다.〈동생들이랑 싸우지 말고 밥 잘 챙겨 먹어〉,〈냉장고에 반찬 있어〉,〈오늘은 토요일이니까 이 카드 가져가서 동생들이랑 오렌지 돈가스 정식 시켜서 먹고 있어〉같은 일상적인 쪽지도 많았지만, 어떤 갈등이 있었을 때나 내가 아플 때 약

봉투나 이면지 등등에 엄마가 가만히 써놓고 간 편지들을 읽은 기억이 많다. 〈네가 어떤 기분이었을지 안다, 속상했지?〉, 〈우리 딸은 잘 해낼 수 있으니까〉, 〈우리 가족 더 서로 아끼며 지내자〉 등등 읽는 것만으로 눈시울이 붉어지는 문장들이 있었다. 내가 지금껏 써온 문장에서는 그런 뜨거움이 있었던가? 그 시절 엄마가 내게 써줬던 편지들, 쪽지들은 단번에 나를 엉엉 울게 만들 수 있다. 그래서인지 지금도 쉽게 엄마의 글씨체를 떠올릴 수 있다. 모음을 쓸 때는 살짝 구부러지는 획, 필기체처럼 자연스럽게 휘리릭 써진 얇은 몸통의 자음들. 편지지는 생활이 담긴 종이들이었다. 구겨진 가정 통신문, 달력 뒷면, 광고 전단 등등 얼굴을 보고 전하기는 어려운 말들을 문장으로 적어서 부드럽게 풀어놓는 일. 그것을 읽으며 가슴 저편에서 뜨거운 것이 가득 차올랐다가 금세 부끄러워졌다가 또다시 막연하게, 희고 따뜻한 안개로 들어가는 것만 같다. 그것을 고향이라고 부르고 싶다.

구멍의 존재론

고향에 대해 쓰자니 그게 너무 광범위한 것도 같고 한편으로는 아무것도 손에 잡히지 않는 기분이다. 지금도 가족들이 김해에 살고 있지만 나는 거기로부터 대학 입학과 동시에 뚝 떨어져 이제는 늘 손님의 기분으로 가니까. 그래서인지 구체적인 장소에 대한 기억보다는 아무래도 나의 유년이라는 〈시절〉을 이야기할 수 있겠다.

저마다 마음이 문제다. 영화 「이보다 좋을 순 없다」의 멜빈은 정도가 심한 강박증을 앓고 있다. 그는 복합적인 강박을 앓으며 자신만의 루틴을 만들고 그 강박을 되레 생활화한다. 그의 증상은 불을 껐는지 의심하여 몇 번을 껐다 켰다 해야 하는 확인 강박, 손을 델 정도로 뜨거운 물과 늘 새 비누를 사용하여 손을 씻어야 하는 오염에 대한 강박, 보도블록의 금은 밟지 않고 걸어야 나쁜 일이 생기지 않을 거라는 특정 사고 강박 등 다양하고, 그걸 지키려다 보니 사람들과 자주 불화한다. 영화는 멜빈의 생존 문제, 즉 먹어야 하는 문제로 자신을 유일하게 받아 주는 웨이트리스의 집을 찾아가고, 그 여자의 사정을 알게 되어 돕고, 게이 이웃의 강아지를 떠맡게 되는 식의 〈섞임〉으로 나아간다. 그런 휴머니티보다 이 영화가 좋은 것은 과장이 없다는 데 있다. 강박증 환자의 그것은 자체로 늘 과장되게 보이지만 그렇게라도 하지 않으면 숨을 쉴 수조차 없는 공황 상태에 빠지기 때문에 실은 과장이 아닌 발악에 가까운 본능적 행동 양식이다. 누구도 자신을 보호해 주지 않는다는 불안이 낳은 과도한 인식과 몸짓, 나는 그게 가엽다. 그리고 그건 영화에서처럼 아주 작은 스침과 연루로 완화될 수 있지만, 애초에 불안이 먼저 들어온 삶에는 그게 그렇게 어렵다.

내가 처음 강박 증세를 보인 것은 초등학교 4학년 때다. 나는 3학년 때 부모님과 분리되었는데, 연년생 남동생이 입학 나이보다 한 해 늦게 학교에 가게 되었기 때문이다. 동생은 장애인 학교에 입학해야 했다. 지금 와 생각해 보건대 내 부모는 보통의 학교에 입학시키고자 했을 것이고 그때마다 그 시도는 실패했지 싶다(도무지 학습에 중심을 두지 않는 장애인 학교 교육에 불만족한 어머니가 아이를 보통의 중학교에 입학시키려 했을 때, 어떤 호의와 그보다 더 큰 모욕이 있었는지 나는 보았고 그를 토대로 생각해 보면 어렵지 않게 짐작할 수 있다). 그 실패 즉 학교 관계자의 거절은 자신들에게 혹여나 요청될지도 모를 도움 혹은 문제의 소지를 미리 끊어 내는, 그런 건 꿈도 꾸지 말라는 당시 사회의 〈보통의〉 인식 수준이었다.

엄마는 헤어지기 전날 통보했는데, 나는 한 번을 조르지도 못하고 그걸 그대로 받아들이는 수밖에 없었다. 내가 무얼 할 수 있었겠는가? 응석. 나는 그걸 한 번도 해본 적이 없었던 거다. 내가 다섯 살, 동생이 네 살 무렵, 그때까지도 걷지 못하는 아이의 상태를 도무지 받아들일 수 없었던 어른들이 소파를 두고 거실 바닥에 빙 둘러앉았다. 그러니까 그날은 〈이번이 마지막〉이라는 긴장된 분위기가 흘러넘치고 있었고, 아빠는 있는 대로 뜸을 들이다 아이의 양 겨드랑이를 손으로 받치고 세워 보는 것이다. 그 순간의 결연함을 나는 잊을 수가 없다. 그리고 무슨 문어 다리마냥 하염없이 흐물거리기만 하던 아이의 두 다리와 낙심한 할머니 할아버지의 표정, 그래도 놓아 버릴 수 없어 다시금 아이를 추켜서 세워 보기를 반복하며 〈서 봐라, 서 봐라〉 하던 아빠의 애타는 음성과 엄마의 절망을 나는 기억한다. 나는 그때 운명을 스스로 정했던 것 같다. 다자이 오사무의 『인간 실격』에서 오바 요조가 집안 분위기를 간파한 후 응석을 포기했듯이(대신 그는 제 존재의 표명을 유머라는 기법에 걸어 본다). 〈나는 이 집에서 응석을 부리면 안 된다〉, 〈나는 엄마 아빠를 힘들게 하면 안 된다〉고 나는 결심한 것이다. 물론 그전에도 나는 말이 없고 얌전한 아이였지만 엄마의 손길만은 충분히 받지 못했는데, 그건 내가 출생한 지 얼마 안 있어 이어진 임신과 출산, 이후의 절망이 엄마를 온통 지배했기 때문이리라.

장애인 교육 시설은 이웃 도시인 부산에 있었기에 나는 부모와 떨어져 조부모님과 남겨져야 했다. 첫해는 주로 이불을 뒤집어쓰고 울거나 비밀스레 쓴 쪽지를 할머니가 쓰레기를 태울 때(종량제 시행 이전이었다) 슬쩍 집어넣곤 했다(정식 일기는 학교에 제출해야 했고, 어른들 몰래 일기장 같은 걸 가질 수 있다고는 생각지 못했다. 종잇조각에는 〈보고 싶다〉만 여러 번 반복해서 썼던 기억이 난다. 다른 내용은 없었다). 그해는 그나마 아빠가 서울 직장으로 가기 전이어서 자주 김해에 와 나를 데려가기도 했고, 할머니 할아버지와 버스를 타고 엄마 집으로 갈 수도 있는데, 그마저도 할아버지가 미처 내리기도 전에 버스 문이 닫히는 일이 있고 난 뒤(문은 곧 다시 열렸다) 할아버지가 염려된 나는 이제 혼자서 가겠다고 선언하기에 이른다(이런 장면들이 쌓여서 아이의 불안을 만든다. 어린아이의 눈에 조부모는 나를 지켜 줄 수 있는 든든함의 대상이 아니다). 엄마 집으로 가기 위해서는 버스를 두 번 타야 했는데, 갈아타는 버스는 그나마 시간을 정해 놓고 드문드문 다니는 거여서 토요일 방과 후 엄마 집으로 가는 길, 그 버스를 하염없이 기다리고 있노라면 그렇게 배가 고프고 고단할 수가 없었다. 엄마 집에 도착하면 오후 3시, 때를 잘못 맞추면 5시가 되기도 했는데, 나는 종일 물 한 모금 못 마신 거였다. 1월생이라 또래보다 영 작았던 나는 조회 시간 늘 맨 앞자리에 서는 아이였고, 다소 허약했다. 어째서 어른들이 한 번도 버스 시간표를 구해 줄 생각을 하지 않았는지 나는 아직 잘 모르겠다. 그 하루를 위해 어린 나는 그렇게 애쓴 것이다. 또 어떤 날은 엄마와 하루 더 있고 싶어서 월요일 아침에 엄마 집에서 등교하기도 했다. 그날은 남동생의 생일이었다. 엄마는 새하얀 케이크를 준비해 와서는 나와 여동생에게 노래를 부르라고 했다. 물론 많이 봐서 안다, 어떻게 하는지. 그러나 우리 집에서는 그런 걸 해본 적이 없고 고전적인 생일상에 조부모님을 모시고 식사하는 식이었는데, 갑작스레 노래를 부르다니! 말도 못 하는 아이에게 느닷없이 노래를 부르라니. 나는 그때까지도 학교에서 말을 하지 못했는데, 집에서도 별반 다르지 않았다. 엄마는 내게 말을 걸지 않았고, 그나마 아빠는 내 대답을 기다려 주었기 때문에 아주 작은 목소리로 짧게 답하거나 고갯짓이나 미소로 소통하곤 했다. 나는 말을 하고 싶었으나 도무지 입이 떨어지지 않았는데, 그날도 당연히 그랬다. 엄마는 그 모습이 바보스럽고 답답했는지 불같이 화를 내며 케이크를 먹을 자격이 없다면서 그냥 가라고 했다. 결국 나는 케이크 앞에 한참을 앉아 있다가 한 입도 먹지 못한 채 엄마 집을 나서서 학교에 갔다. 나는 그때도, 지금도 그날을 기억할 때 케이크가 먹고 싶어서 서글픈 게 아니다. 엄마를 잠깐 보고 나는 또 여섯 날을 애타게 기다려 엄마에게 갈 터였다. 삶의 어떤 장면들은 지금까지도 너무하다 싶다. 왜 그렇게까지 해야만 했을까. 엄마는 무엇에 그리 화가 나 있었던 걸까. 그러니까 엄마는 자신의 삶에, 결함을 가진 아들에, 그것이 자신의 정체성이어야만 하는 것에 화가 나 있었던 것일까, 다만 짐작해 볼 따름이다.

    아빠가 서울로 직장을 옮겨 가게 되자 내 상황은 더 서글

퍼졌다. 이제 대학을 가기 전까지 아빠와 함께 살 희망이 멀어져 버린 셈이니까(아빠는 해마다 〈우리 경아 대학 가려면 몇 년 남았노? 서울에 있는 대학에 가겠재?〉 했다. 〈경아〉는 바꾸기 전의 내 이름 끝자리인데, 나는 그 말을 들을 때마다 한 해 한 해 뺄셈하며 뭔가 마냥 아빠를 기쁘게 해주고 싶다고 생각했던 것 같다. 아, 대학을 가는 것, 내가 서울로 대학을 가게 되는 때를 아빠가 기다리는구나, 그런 생각을 했다). 아빠는 토요일 근무를 마치고(주 6일 근무 시절이었다) 역이 있는 부산으로 내려온다. 다시 김해로 와서 나와 여동생을 데리고 부산 엄마 집으로 간다. 고작 하룻밤을 자고 일요일 점심께 김해에 우리를 데려다주고 아빠는 다시 서울로 갔다. 그렇게 아빠는 매주 한 번을 빠짐없이 우리와 만나고 헤어졌다. 그렇게 내 아버지는 소진되고 있었던 것이리라, 그의 생이 그토록 짧을 수밖에 없었던 것은. 아빠는 떠나기 전에 항상 양손에 우리의 손을 하나씩 붙잡고 아파트 옆 작은 상가에서 일주일간 볼 만화 영화 비디오를 빌리게 해주고, 슈퍼에 들러 군것질거리를 고르게 했다. 동생과 내가 고심 끝에 하나씩 집으면(우리는 물건을 두 개씩 고르는 일이 없었다. 지금도 그렇다. 동생이나 나나 두 개가 생기면 꼭 하나를 서로에게든 누구에게든 준다), 아빠는 웃으면서 〈더 골라라) 그러고는 알아서 그득그득 담아 주었다. 이제 아빠마저 우리를 남겨 놓고 가면 나는 내 방에서 여동생은 안방에서 울었다. 일요일 점심쯤 방영하는 어린이 만화가 끝나고 나면 아빠가 가야 할 시간이었다. 다음 방송은 「전국노래자랑」이었는데, 일요일 한낮 어르신들의 어깨춤을 돋우는 「전국노래자랑」의 시그널 음악이 내게는 그렇게 슬프고 우울한 것이 되었다. 막냇동생도 그렇게 울고 있던 건 몇 년 전 둘이서 술을 마시다 그 시절을 이야기하며 알게 된 것이다. 우리는 어렸지만 그렇게 각자의 슬픔은 각자가 알아서 처리한 거다. 그리고 나의 슬픔을 가여워하느라 미처 생각지도 못했던 아버지의 마음에 대해 고작 몇 해 전에야 생각이 미쳤다. 그렇게 우리를 두고 돌아서 가야 했던 아빠도 울었을까. 많이 고단했을 거면서 마음이 한없이 여리던 그는 그렇게 떨구어진 제 새끼들이 마음에 밟혀 한 주도 쉴 수 없었을 거다.

그렇게 내가 초등학교 4학년이 되고 그전까지 주택 생활만 하다가 조부모님과 아파트로 거주지를 옮길 때, 이제는 지방 사람들도 문을 잠그기 시작했다(그전에는 문을 잠그고 살지 않았다). 그런데 이 문 잠그기가 내 조부모님께는 평생 습관이 들지 않은 것이라, 밤마다 단속은 내 차지가 되었다. 문은 늘 안 잠겨 있기 일쑤였고, 가스 밸브는 노상 열려 있었다. 가스 밸브를 잠그라고 알려 주면 할머니는 그걸 잠그고 가스레인지 점화 레버는 또 열어 두곤 하는 것이었다. 뭔가 불안했다. 나는 강박적으로 문단속, 가스 단속을 하기 시작했다. 아무도 나를 지켜 주지 않는다는 불안이 나를 스스로 단속하게 만든 것이다.

안윤의 소설집 『모린』에 수록된 「핀홀」은 한 가족의 홀 hole, 그 구멍에 대해 말한다. 완벽한 가족이란 그림을 위해 장애인 가족을 은폐하고 그의 탈시설에 동의하지 않으며(보호자의 동의 없이 탈시설 할 수 없다), 그의 부당한 죽음을 그대로 덮어 버리기로 한 가족이 있다. 화자의 눈에 완벽하게 보였던 시댁 식구들의 구멍은 바로 죽은 장애인 가족이었다. 우리 집은 그와 정반대다. 사회가 외면하는 것을 내 부모는 오롯이 감당하고 해결했다. 그러느라 우리 가족의 중심은 그가 되었다. 나는 집중받지 못했다. 대신 나는 무조건 알아서 잘해야 했다. 그를 중심으로 가족이 재편되고, 그로 인해 내가 한편으로 물러났다. 나는 무조건 참아야 하고 잘해야 하는 것을 당연하게 여겼다. 누가 시킨 것이 아니다. 내 어린 눈에도 부모의 안간힘이 너무도 빤히 보였다. 애초에 어린 내가 생각해도 사람이 두 다리로 걷지 못하는 것은 안 좋은 것이었다. 이상한 것이었다. 그래서 나는 내 부모가 상처받았을 것이라고 여겼다. 나는 부모님이 가여웠다.

 나는 이 글을 쓰는 오늘까지도 내 최초의 강박이 초등학교 4학년 때라고 기억해 왔다. 그런데 내게 더 일찍이 강박이 있었다는 것을 지금 이 글을 쓰면서 기억에서 건져 올린다. 초등학교 1학년 때다! 내게는 학교생활이 무척 힘들었는데, 우선 먼 길을 걸어 다녀야 했다. 학교 추첨에서 가까운 학교에 채택되지 않아서였는데, 엄마는 그 일을 두고 늘 〈네가 운이 없어서〉 그렇다고 했다. 나는 지금도 그렇지만 그런 걸 별로 믿는 편은 아닌데, 그럼에도 그 말은 듣기에는 안 좋다. 그런데 어느 날 생각했다. 그 추첨은 내가 한 게 아니라 엄마가 한 것이고 만약 그게 운의 탓이라면 내가 아니라 엄마의 운이 없는 게 아닌가! 설령 제 아이의 운이 안 닿아서 그렇다고 한다면 그걸 그렇게 말하는 엄마가 어디에 있단 말인가. 나는 그 점이 너무 이상했는데, 아마도 엄마는 그걸 자신의 운 탓임을 누구보다 가장 크게 자책했던 것 같다. 그리고 그걸 내 운의 탓으로 공표해야 할 필요성이 있었을지도 모른다. 아무도 그렇게 생각하지 않았지만 엄마는 자책골을 넣고도 경기를 뛰어야만 하는 선수의 마음이었을지도 모른다. 네 탓으로 먼저 돌리고 마는 그런 식의 지나친

수동 공격성은 〈아픈 아들〉을 낳았다는 자책에서 비롯된 것으로 생각된다. 그렇지만 나는 분명히 쓰고 싶다. 내가 멀리 학교에 다닌 건 내 운도 엄마 운도 아니다. 그냥 그런 거다. 어린이의 숫자에 비해 학교가 부족하니 누군가 가까운 곳에 배정되면 누군가는 멀리 배정되는 것 그게 이치다. 거기엔 운도 뭣도 작용하지 않는다고.

나는 집에서도 말을 하지 않았고 밖에 나가 놀아 본 적도 없어서 친구를 사귈 줄도 몰랐다. 유치원 다니기도 얼마나 고단했는지 모른다. 그러나 나는 늘 묵묵히 갔다. 결석도 지각도 안 하고. 그즈음 학교에서는 〈나는 공산당이 싫어요〉를 가르쳤다. 낱말 카드를 사서 문장 공부를 하게 했는데, 앞에는 특정 단어가 있고 뒷면에는 그 단어를 활용한 문장이나 그림이 있는 식이었다. 낱말 카드는 공책 크기인데 눈금이 구획한 대로 일일이 가위로 자르고 펀치로 구멍을 내어 고리를 달아야 했다. 그런 일은 모두 아빠가 해주었다. 교과서를 달력 뒷면으로 감싸 표지를 입혀 주는 것도 아빠의 몫이었는데, 아빠의 글씨체가 일품이다. 교과서 표지라면 문방구에서도 살 수 있었는데, 그건 책의 양 날개만 쑥 끼우면 되어 몹시 간편한 데다 비닐 안에 갖가지 그림들이 인쇄된 종이가 끼워져 화려했다. 그런데 그건 툭하면 비닐이 빠지고 모서리는 잘 찢어지기 일쑤여서 별로인 데다 무엇보다 아빠의 세심한 도움 없이도 가능한 거여서 나는 6년 내내 아빠 손에 교과서 표지를 맡겼다. 여러 권의 교과서에 표지를 입히고 이름을 써넣느라 아빠와 머리를 맞대고 앉은 그 시간이 그렇게 좋았다. 그렇게 입힌 표지는 학기 내내 깨끗하게 책을 감싸 주는 튼튼한 것이었다. 아빠는 또 문구용 칼로 연필을 예쁘게 깎아 주었는데 그렇게 깎은 연필심은 글씨 쓰기에 요령이 없어 있는 힘껏 눌러쓰느라 심을 부러뜨리기 일쑤인 저학년 초등생에게 더없이 좋았다. 연필깎이로 깎은 것은 쉽게 부러지고 금세 닳아 버리니까. 아빠와 따로 살게 되면서 슬펐던 일 중 하나가 연필깎이로 연필을 깎아야 한다는 것이었다. 몇 번의 손잡이 회전으로 간단히 깎이는 연필깎이는 이제 아빠의 손길 없이 학교에 가야 한다고 말하고 있었다.

그때 낱말 카드의 어떤 면에는 그림이 그려져 있기도 했는데, 이제 단어를 배우는 그야말로 새하얀 언어의 도화지에 그려지는 것 중 일부는 반공 용어였다! 그럴 때 그림은 국군이 군장을 멘 채 총을 들고 어딘가로 힘차게 뛰는 모습이었고. 그러니 내 세계가 갑작스레 흔들린 모양이었다. 어머니의 보호가 없다는 어린 마음에 덮쳐 온 게 〈공산당〉인

게다! 우리 집 마당에서는 가까운 곳에 있는 산이 보였는데 초등학생이 된 나는 그 산 너머가 북한이라고 짐작하기에 이르렀다. 공산당에 대한 막연한 공포심은 〈꿀벌 마야〉의 병정개미들이 내 꿈에 나와 나를 고문하게도 했다. 초등학교 1학년의 꿈에 나타난 공산당과 고문이라니. 그래서 나는 〈공산당이 쳐들어오지 않게 해주세요〉라고 기도하기 시작했는데, 이때부터 사고 강박이 시작된 듯하다. 그러니까 나는 불안한 마음이 들면 머릿속을 일체 멈추고 기도를 반복적으로 해야 나쁜 일이 생길 것만 같은 불안을 떨칠 수 있다. 대체 그 시절은 어린이에게 무슨 짓을 한 건가. 아무튼 그 기저에는 역시 나를 보호해 줄 누군가가 없다는 인식이 묵직하게 버티었던 셈이다.

    나의 외로움에 대해, 나의 깊은 불안과 오래된 고독의 상관성에 대해 단 한 번만 내 어머니에게 털어놓을 수 있다면 좋을 것이다. 나는 결코 엄마를 원망하지 않는다는 사실과 함께. 그럼에도 엄마의 단 한 마디 말을 듣고 싶다. 그건 엄마를 탓하고 엄마가 가해자라고 지목하는 힐난이 아니라 그저 내가 아팠다는 고백이며 그에 대해 엄마가 나의 마음을 외면한 데 대한 사과, 그럴 수밖에 없었음을 인정하는 끄덕임의 〈미안하다〉가 다인데. 그런 대화가 엄마를 그 시간에 대한 속박으로부터 해방할 수 있다고 믿는 나는 시간을 두고 여러 번 대화를 요청하고 시도했지만 대화는 성사되지 않았다. 엄마는 묻어 두는 편을 택한 것이다. 이제 나는 어쩌면 엄마에게는 그런 회고와 인정이라는 과정이 자신의 시간을 송두리째 부정해야 하는 엄청난 고통의 돌이킴일지도 모른다고 이해하고 더 이상 엄마를 괴롭히지 않는다. 나는 나의 구멍을 그대로 내버려두기로 했다.

일본 드라마 「수박」의 공간적 배경인 〈해피니스 산챠〉는 말하자면 하숙집이다. 소박한 중정이 있는 이층 목조 주택에 입주한 네 명의 여성은 나이, 직업, 성격도 제각각이다. 이 집에서 대학 시절부터 살았고 지금은 교수가 된 인물의 방은 2층에 있는데, 쌓아 둔 책의 무게를 이기지 못하고 바닥이 무너져 교수의 방에는 커다란 〈구멍〉이 생긴다. 교수가 그 방을 떠날 때까지 그 구멍은 수리되지 않는데, 구멍이 있음으로써 교수는 아래층의 인물들을 내려다보고 책을 읽다가도 그들의 말을 들을 수 있다. 그러니까 교수라는 직업이 〈말을 하는〉 쪽이라면 구멍은 그를 〈듣는〉 사람이게끔 하는 장치로 기능한다.

내게 완벽한 보호나 통상의 돌봄이 있었더라면 내 마음은 훨씬 더 평온했겠지만 누군가의 말을 듣고 골똘히 들여다보고, 나만의 해석을 쓰는 사람이 되지는 못했을 거라 여긴다. 대신 내가 홀로 있는 것, 혼자 해야만 하는 일에 두려움이 없고, 〈그럼에도 불구하고〉 자꾸만 사람을 믿어 보려는 사람인 것은 나를 쓰다듬는 손길 대신 가족의 구멍hole을 온 생을 다해 함께 메우려는 내 부모의 극진함, 그 애타는 노고가 가리키는 바가 가족을 초과하는 인간에 대한 사랑에 닿아 있다고 이해했기 때문이다. 그런 부모에 대한 깊은 믿음. 그 가여운 젊은 부부의 아픔을 어린 나 말고 누가 알아나 주었을까.

나는 유년을 지나며 구멍을 가지게 되었지만, 그리고 그게 결핍이란 단어와 동어라고 생각한 적도 있지만 이제 나는 구멍을 결핍과 치환하지 않는다. 세계의 틈을 메우려는 인간의 욕망이 낭만주의를 탄생시켰듯, 구멍은 우리에게 끊임없이 자신을 복원하라고 유혹한다. 그러나 애초 구멍은 그렇게 생겨 먹은 것이다. 구멍을 메우면 구멍은 존재할 수 없다. 어딘가 뻥 뚫린 구멍을 가졌다는 것은 완벽하지는 않을지 몰라도 대신 그쪽으로 난 깊은 마음, 깊숙이 듣는 귀, 오래 들여다보는 눈과 같이 내 안의 또 다른 길을 만들어 낸다. 나는 (아직 턱없이 부족하지만) 그만큼 조금 더 보고 들을 수 있기에, 쓰는 사람이 된 것이 아닐까 싶다. 그거면 나의 구멍은 그런 채로 제 존재의 쓰임을 발명한 셈이다. 그러면, 됐다.

10관
등단길

정동길의 끝이자 시작, 경향신문사 사옥

걷고 싶은 정동길

이탈리아 건축가 렌초 피아노는 건축이 〈사회, 심리학, 인간, 커뮤니티, 과학, 기술에 시적 요소까지 여러 가지가 흥미롭게 응축된 종합 예술〉이라고 말했다. 내가 건축 비전공자임에도 건축을 좋아하고 자꾸 기웃대고 싶은 이유다. 당대의 문화와 역사, 미학 등이 켜켜이 쌓인 축적물에 들어섰을 때 나를 감싸 오는 그 〈오묘한〉 분위기, 당장이라도 자기 이야기를 하고 싶어서 미치기 직전의 사람처럼 흥미를 유발한다.

종로, 중구 등 서울의 원도심에서 내가 좋아하는 몇 가지 길목이 있다. 그 길목의 공통점은 걸으면서 두리번거릴 수 있는 각양각색의 건축물이 있다는 것이다. 그중에서 3·1 운동, 4·19 혁명, 6·10 민주 항쟁까지 독립과 민주화 역사를 떠올릴 기념일이 많을 때 걷기 좋은 산책길을 소개하고 싶다. 세실극장에서 시작해 서울시립미술관, 경향신문사 사옥까지 이어지는 이 길에는 유독 적벽돌로 쌓은 건물이 많다. 조선에 외세의 그늘이 드리운 시점부터 우리나라에 적벽돌 건물이 지어졌다. 근대 서양식 건물들은 저마다의 사연을 품은 채 입을 꾹 닫고 있는 모습이다. 그 파사드를 보고 있으면 건축가 페터 춤토르가 〈분위기〉에 대해 말했던 대목이 떠오른다. 〈외부 세계에 공개된 파사드는 이렇게 말한다: 건축주나 건축가가 건물을 세울 때 무엇을 원했든지 나는 그들이 기대한 대로 존재하며 그들의 기대를 달성할 수 있으며 그들의 기대에 부응하고 싶다.〉 파사드는 또한 이렇게 말한다. 〈하지만 당신에게 모두 보여 주지는 않을 것이다. 안에도 많은 것이 있다. 당신은 가서 당신 일이나 하라.〉 만약 누구든 자기 일을 멈추고 적벽돌 파사드의 날 서린 이야기를 일부러 들추기 시작하면 이곳은 곧바로 지붕 없는 박물관이 된다. 1976년 개관한 세실극장은 6월 항쟁의 민주화 선언이 이뤄진 곳이며 1970~1980년대 상업주의 연극에 반대해 새로운 소극장 문화가 태동한 곳이다.

세실극장을 설계한 건축가 김중업은 당시 유신 체제에 반대해 프랑스로 추방된 상태였는데, 우편을 통해 설계 도면을 보냈다고 한다. 세실극장 입구 옆에는 작은 엘리베이터 하나가 설치돼 있는데, 이곳을 놓치지 않고 들러야 한다. 누구든 옥상으로 올라갈 수 있도록 개방한 세실마루는 세종대로, 서울시청, 덕수궁, 성공회성당 등의 건축물을 한눈에 굽어볼 수 있기 때문이다. 의외로 잘 알려지지 않아서 대개 한적하며 작은 벤치도 있어서 충분히 오래 경관을 즐길 수 있다.

다시 지상으로 내려와서 골목을 따라 계속 올라가면 덕수궁 돌담 쪽으로 난 작은 쪽문이 있다. 근처에 영국 대사관 등이 있어서 항상 누군가 보초를 서고 있으나 겁먹지 말고 그냥 들어가도 된다. 나는 나무 데크로 만들어진 이 길을 무척이나 좋아한다. 덕수궁 내부를 조망할 수 있으면서 100년 이상 된 나무 사이를 지날 수 있기 때문이다. 기와가 넓게 펼쳐져 있고 대들보와 흙으로 쌓은 전통 한옥은 〈건축〉의 개념이 깃들지 않았다. 이상헌 교수의 『대한민국에 건축은 없다』에 따르면, 서구 건축 개념이 한국에 들어온 것은 근대 이후이고, 한국에서의 건축은 오브제로서 형태와 상징을 통해 어떤 이상 또는 이념을 표현한 적이 없다.

건축물 자체가 하나의 상징이기보다는 사람의 행동 양식을 규제하고 그 생활 세계를 반영한 결과다. 이를테면 전통 한옥에는 나무가 자라난 굴곡 그대로 가져다 구조재로 쓰지만, 입면을 엄격하게 규제하는 서양 건축에서는 상상할 수도 없는 일이다. 그래서인지 소나무 사이사이로 아스라이 비치는 한옥의 모습이 그간 걸어온 난삽한 도시의 잔상을 잊게 만든다.

쪽문을 통해 길을 나서면 58년 동안 일반인들에게 공개되지 않았던 덕수궁 돌담길이 나온다. 100미터 남짓한 이 길은 고종이 선원전과 경희궁으로 드나들던 길목이라 전해진다. 대로변과 가까운 덕수궁 돌담길보다 훨씬 조용하고 운치 있으며, 과거 사진들을 천천히 볼 수 있다. 돌담길을 따라 쭉 걸어 내려오면 서울시립미술관이 있다. 회색빛의 석조 건물은 둥글고 우아한 아치형 입면을 자랑한다. 지금은 전시를 보기 위해서 찾는 곳이지만 1928년에는 그렇지 않았다. 일제는 우리나라의 덕수궁과 주변 일대를 내려다볼 수 있는 언덕에 최초의 재판소인 평리원을 세웠고 지금의 건물이라 할 수 있다. 이곳을 드나드는 많은 독립운동가에게 위압감을 주기 위해 해를 완전히 등지고, 화강석으로 웅장하게 파사드를 설계했다. 해방 이후 이곳은 대법원으로 쓰였고, 사법부가 〈이 건물만은 꼭 보존해 달라〉는 말에 파사드와 포치만 남기고 본 건물은 리모델링하여 현재 미술관으로 쓰고 있다.

경향신문사 사옥

정동극장 방향으로 이어진 대로의 끝에 경향신문사 사옥이 있다(반대로 경향신문사 사옥을 정동길의 시작이라 말하기도 한다). 지금은 쓰지 않는 낡은 송전탑과 『경향신문』 간판이 세월을 짐작케 한다. 특이하게도 건물의 상부와 하부의 외관이 전혀 다르다. 1967년 김수근 건축가가 설계 당시 상층은 호텔로, 하층은 방송국으로 쓸 요량으로 지었기 때문이다. 당시 방송국은 문화방송(MBC)이었는데 박정희 정권에 의해 1972년 『경향신문』과 통합됐다. 그러다가 1980년 신군부의 언론 통폐합 조치로 MBC가 여의도로 이전하면서 경향신문사 사옥이 됐다.* 호텔로 쓰이던 상층의 창문 모양을 유심히 보면 브라운관을 닮았다. 호텔 창밖으로 펼쳐진 서울의 모습은 마치 브라운관 TV로 뉴스를 보는 느낌을 주었을 테다. 본관, 중앙관, 신관으로 나뉜 사옥

* 정은경, 「경향신문에 문화관광호텔이 있었다?」, 『미디어오늘』, 2005년 3월 17일 자.

은 한 줄로 이어져 있어서 내부 구조는 굉장히 복잡하다. 경향신문사 사옥의 시설 관리 팀장의 말에 따르면 〈도둑이 들어와도 나갈 구멍을 못 찾을〉 정도다. 본관 로비에 있는 엘리베이터로는 8층밖에 올라가지 못한다. 8층에 숨겨진 계단을 따라 옆 동으로 건너가면 꼭대기 층까지 올라갈 수 있다는데, 쉽게 올라가더라도 나갈 때는 완전히 미로가 될 수 있는 곳이다.

  2022년 한 해의 시작점에서 나도 경향신문사 건물에 들어간 적 있다. 신춘문예 시상식에 참석하기 위해 내부 스튜디오로 이동할 때도, 인터뷰를 위해 어떤 회의실로 이동할 때도 그 길이 복잡했던 기억이 난다. 출구 없는 미로에 들어서는 기분이었다. 건물의 복잡한 동선만큼 나의 방향도 뜻밖의 이정표를 만났기 때문이다. 나는 몇 년간 직장을 다니면서 여러 시 창작 수업을 들으러 다녔고 그곳에서 만난 언니들과 동인을 만들기도 했다. 우리는 등단을 목표로 하기보다 그저 2주마다 쓴 시를 서로 읽고 청양고추 정도의 맵기로 서로의 시에 대해 이야기했다. 그런 과정은 마치 본격적인 설계도가 나온 후 벽돌을 쌓기보다 그저 굴러다니는 돌을 하나씩 쌓다 보니 혹자가 봤을 때 소원을 이뤄 줄지도 모를 돌무더기 같은 게 된 셈이다. 시를 썼다가 안 썼다가, 수업을 신청했다가 쉬다가 하는 과정을 지나면서 〈시를 언제까지 쓸 것인가〉에 대한 의문이 조금씩 생기던 무렵이었다. 물론 등단한다면 좋겠지만, 등단이 어려울 거로 생각했다. 등단 외에도 시를 어딘가에 선보일 방법이 막연하게나마 있으리라 생각했지만 용기가 부족한 탓에 실행에 옮기지는 못하고 있었다. 저녁 늦게 집에서 일을 하고 있다가 『경향신문』 김지혜 기자의 연락을 받았다. 아빠와 손을 붙잡고 방방 뛰며 좋아했던 것 같다. 그때부터 언제까지 시를 쓸 것인가에 대한 의문은 사라졌다. 그리고 출구 없는 미로에 들어온 사람처럼 시를 쓰기 위해 헤매고, 좋은 시를 찾아 헤매고, 삶의 굴레에 시를 어떻게 계속 들일 수 있을지 헤맨다. 등단은 기가 막히게 멋진 미로의 입구다. 누군가 〈자, 마음껏 헤매 보시게〉 하며 문을 활짝 열었고 아마 나는 즐겁게 헤매다가 미로 속에서 죽어도 좋을 것이다.

헤맨다는 감각은 길을 곧잘 찾아간다는 감각보다 더 주체적으로 느껴진다. 잘 찾아간 그곳은 누구의 입장에서, 어떤 기준으로 좋은 곳인가? 길의 끝에 목적지가 있다면 아무래도 두리번거리고 싶은 욕망도 잦아들 것이다. 여러 곳을 보지 못한 채 내린 판단은 그리 정확하지 않을 확률이 높다. 하지만 헤맨다는 감각은 어떤가? 방향 감각을 상실하고 잃어버린 그곳에서 오히려 처절하게 〈나〉를 감각할 수 있다. 내가 보는 곳, 향하는 방향, 걷는 느낌, 좌우로 움직이는 경추와 근육들. 나는 1990년대 무렵 태어난 여느 아이들처럼 〈남들처럼〉 살고 싶지 않았다. 조금 더 특별하고 개성 있는 사람이 되어야 한다는 사회적 요구는 남들과 달라지고자 애쓰는 군중 속 한 사람으로 만들었다. 게다가 교육받은 욕망은 삶 내내 쉽게 지울 수 없어서 더 악착같이, 더 열심히 살게 하는 목줄이 됐다. 아무튼 남들과 달라지고 싶은 옹졸한 마음은 이를 용이하게 만들어 줄 어떤 방패막이 필요했다. 이상하게도 어느 시점부터 주변의 친구들은 남들처럼 살고 싶어했다. 그래서 나는 남들 다 하는 결혼, 이성애 가족 꾸리기, 헌신적 육아 등 〈견실한 어른〉이 되는 과정으로부터의 방패막이 필요했던 것 같다. 다시 말해서 예술이라는 영역에 들어가고 싶었다. 그 안에서 〈쟤는 저러니 그럴 수 있지〉 그 정도의 방패를 획득하고 싶었던 것 같다. 하지만 지금 와서 생각해 보면 어떤 타이틀이 방패막이 되어 주진 않는다. 오히려 나의 어리석은 욕망을 하나씩 덜어 내면서 동시에 헤맨다는 감각을 사랑하는 일이 더 중요한 것 같다.

  또 시를 쓰게 된 이유를 생각해 보자면 한계 따위 없는 백지 같았기 때문이다. 대학에서, 직장에서 주변인들에게 나는 잡다한 것을 얕게 좋아하는 사람이었고, 나 역시 쓰고 싶은 글의 정확한 그릇을 찾지 못했다. 나는 잡지 기사, 에세이, 소설을 쓰는 데 관심은 없었고(어쩌면 그 모든 것을 잘 쓰고 싶었는지도) 특정 모양도 없고 어떤 용기에 담겨지지 않은 것을 쓰고 싶었던 것 같다. 돌연 그것이 시 속에 있을 수 있다는 생각이 들었다. 시는 형태가 속박되지 않고, 아무도 좋은 시라는 것을 정의하지 않고, 정의 내려지는 순간 시시해지고 마는 모양이 좋았다. 막연하고 닿을 수 없는 심연에 마음을 기대는 일은 얼마나 위로가 되는지. 동시에 나를 얼마나 망치는지. 좋은 시를 가려낼 눈이 없으면서도 맹렬하게 좋은 시를 쓰고 싶은 욕망은 매일 아침부터 저녁까지 마음 속 한 편에 웅크리고 앉아 있다. 게다가 시가 안 써지는 날이면(거의 매일이라고 볼 수 있다) 그것은 딱딱하게 굳어 버리고 바닥에 눌어붙어서 나를 응시한다. 그것은 이상한 냄새를 피우고 이상한 분위기를 만들고 이상한 불협화음을 흥얼거리는데, 여기서 더 이상해질 수 있을까? 싶을 때 이상하게도 이상한 시 한 편을 손에 쥘 수 있다. 이런 헤맴은 내게 치명적이고, 매력적이라 쉽게 그만두지 못할 것이다. 최고급 드림 카를 사겠다는 목표는 쟁취하면 끝나는 것이지만, 좋은 시를 남기겠다는 목표는 절대로 끝나지 않는다. 내가 백골이 된 다음에도 눈이 다섯 개 정도 달린 어느 독자가 나의 읽을 때도 끝나지 않을 것이다.

  나는 시에 주로 화를 담았다. 화는 여러 감정 중에서도 뜨거운 편에 속하기 때문에 시를 쓸 때 자주 거리 두기에 실패한다. 나는 이 악순환을 알면서도 잘 다루지 못한다. 처음 시를 써보겠다고 마음먹었을 때 오갈 길 없는 분노들이 엉망진창으로 시에 엎질러졌다. 지금도 별로 달라진 것 없지만, 그 누구로부터 어떤 대답도 들을 수 없는 나의 분노는 시 속에서 조용히 한 곳을 째려보며, 불타오를 기미를 엿보고 있다. 나는 좋은 시를 떠올리면 도화선, 혁명, 투쟁, 변혁 이런 낡은 단어를 거리낌 없이 생각한다. 이렇게 써도 되는 걸까? 글쎄. 나의 시 쓰기는 오해와 착각의 연속이라 누군가 내게 〈그 따위로 시 쓰지 마〉라고 말해도 뾰족한 수를 찾아 나설 수 없다. 다만 활활 타오르는 화가 언젠가 한으로 바뀐다면 좋지 않을까? 나는 화와 한으로 열렬히 끓어오르는 가마에 더 큰 불을 지르고 싶다. 그렇게 만들어진 벽돌을 한 장 한 장 쌓아서 영험해 보이는 돌무더기나 인공 폭포 절벽, 사람을 잡아끄는 둥근 아치 현관 같은 것을 만들어 사람들을 초대하고 싶다. 그곳에 들어간 사람들이 처음에는 즐겁게 헤매다가 결국엔 화가 나면 좋겠다. 화가 난 사람들이 벽돌로 쌓은 공간으로부터 뛰쳐나가 억울했던 것, 함구했던 것을 모조리 끄집어내어 울고 소리지르고 따져 묻고 뒤집어엎어 버렸으면 좋겠다.

아빠가 있다

정동길을 좋아하지 않기란 힘들다. 돌담과 석조 건물들, 그 사이로 계절에 맞게 얼굴을 바꾸는 키 큰 나무들의 자태는 〈길〉이라는 공간도 격이 있다는 것을, 그것은 자기 자신에게서 온다기보다 열려 있음으로써 온갖 타자를 불러들이는 것과의 조화를 통해 구축됨을 보여 주는 좋은 예시가 된다. 그 길이 하나의 공간으로써 제게 어울리는 격을 갖추고 있다고 여기는 것을 팀 잉골드의 어휘를 빌려 〈조응〉이라 말할 수 있을까.* 무엇에 〈의해서〉가 아니라 무엇과 〈함께 응

* 어떤 사물이나 사건을 볼 때 그것과 정확히 일치되는 것, 복제물을 떠올리지 않고 그것에 직접 〈응답하는 감각〉을 팀 잉골드는 〈조응〉이라 부른다. 팀 잉골드, 『조응: 주의 기울임, 알아차림, 어우러져 살아감에 대하여』, 김현

답하는〉 감각을 가진 그 공간은 조화를 이룰 뿐만 아니라 그 조화가 서로의 응함으로부터 비롯된다는 듯 도심 한복판에 뚝심 있게 열려 있다.

정동길은 그 자체로도 아름답지만 우리에게는 등단이라는 문을 열어 준 길이기도 해서 그것을 〈등단길〉로 이름 붙이고 에세이의 한 꼭지를 써보자고 제안했다. 정동길에 대해서라면 건축물에 대한 감각이 뛰어난 가경이 나보다 잘 기술할 수 있을 것이다. 심지어 나는 경향신문사 사옥에서 상패를 받고 그날 밤에 근처에서 술도 거나하게 마셨지만 거기가 〈정동길〉인 줄도 몰랐으니 말이다. 경향신문사의 주소지가 정동길이어도 그것이 그 길인 줄도 모를 만큼 나는 영 서울 사람은 아닌 것이다. 지금이야 경기도에 거주하기 때문에 서울 시민이 아닌 게 자명하지만, 서울에 거주할 때도 나는 서울 사람은 아니었다. 지방에서는 경기도 권역을 두루 서울이라 일컫기 마련인데, 엄마가 나를 지인에게 소개할 때 〈우리 서울 아(아이)〉라고 일컫는 식이다. 그러나 정작 나는 〈서울 아〉의 정체성을 갖고 있지는 않다. 이제는 내가 고향에서 산 것보다 긴 시간을 서울 편에서 보냈지만 내 말씨에는 아직 경상도 억양이 묻어나고 경상도 사투

우 옮김(서울: 가망서사, 2024), 312면.

리를 쓰는 사람을 만나면 의도와 상관없이 사투리 쪽에 말을 얹고 있는 것이다. 금관가야의 터였던 우리 동네는 산책길이 그대로 박물관이고, 지금은 외부 인구의 유입으로 총인구가 56만 명을 넘어서지만 내가 유년을 보낼 때는 겨우 13만 명에 불과했으니 도시는 늘 고요했다. 집 안팎이 고요했다. 나는 거의 언제나 집 밖에서 놀 수 있다는 생각을 해 본 적은 없는데, 한마디로 나는 집순이다. 집에서 글을 쓰고 공부를 하고 술도 마시고 아주 재밌게 놀 줄 안다. 지루하면 가구 배치를 바꾸기도 하고 이미 포화점을 넘어 버려 걸핏하면 흐트러지는 책장을 정리하는 것도 놀이가 된다. 정동길에 가서도 거기가 정동길인지도 모르는 데 대한 설명이 되었는지 모르겠다.

문학 곁에 오래 맴돌면서도 오래 직장 생활(틈틈이 무직)을 했는데, 아버지가 떠나고 나니 이제 기댈 만한 울타리 없이 홀로라는 사실이 갑작스레 사무치기 시작했다. 아빠는 내 세계의 그 자체였기 때문이다. 그때 내가 할 수 있는 건 대학원에 진학하는 일이었는데 공부를 하기에 당시 내 상황이 그리 좋지는 않았다. 아니, 꽤 나빴다. 그런데도 나는 무리했다. 무리라는 것을 알고 있었지만 그렇게 했다. 그것만을 할 수 있었기 때문인데 생각해 보면 일종의 생존 본능이었지 싶다. 그때 곁에서 가장 가까이 지내던 친구는 나의 무리를 이해하지 못했다. 친구에겐 내가 현실 감각이 없는 것처럼 보였을 것이다. 나는 박사 과정까지 마쳤고 지금 우리는 더 이상 친구가 아니다. 내가 택한 과정도 순탄치는 않아서, 석사를 끝내고도 다시 직장 생활을 해야 했고 그러느라 문학을 완전히 지우기로 마음먹기도 했다. 그렇게 시간을 또 흘려보내고 다시 내가 문학을 하겠다고 돌아왔을 때, 정은경 선생님을 만나 문학 평론을 처음 접할 수 있었다. 나의 또 다른 한 사람. 선생님은 내 글을 언제나 믿어 주었다. 어영부영 나이만 먹은 제자를 그는 믿어 주었던 게다. 학업 과정 수료 후 그제야 처음으로, 등단해야겠다고 마음먹고 (이 점이 놀라운데, 나는 그전까지 내가 어떤 글쓰기를 평생 해도 좋겠다고 생각한 적이 없었다) 그때까지도 다니고 있던 직장을 그만두었다. 그리고 나는 제법 공들여 쓴 글을 문학과사회의 신인문학상에 투고했는데, 그 심사 평의 일부를 옮겨 본다.

최종심에 오른 예비 비평가 황유지는 문학적 교양이나 작품 감식안, 문장력, 자연스러운 논리의 전개 등 여러 면에서 원숙한 경지를 보였다. 기성 비평가의 글 못지않은 일정한 성취를 두 편 모두에서 거두었다. 그렇지만 비평적 논의의 참신성이나 혁신성은 다소 덜한 느낌이었다. 우리 심사 독자들은 마지막 순간에 두 응모자를 놓고 고민에 고민을 거듭했다. 원숙한 안정감과 다소 거친 도전성 사이에서 골몰하다가……. ─ 심사 위원 우찬제

당선작을 결정하기 위해 마지막까지 논의했던 글은 황유지의 글과 (……) 황유지의 글이 보여 준 미덕은 다양하다. 최근작들을 두루 쫓아 읽고 있다는 성실성을 확인시켜 주었으며, 논리적 전개가 명료하고 문장이 정확하여 글의 가독성이 높았다. 비평문이 갖추어야 할 이 같은 기본기가 유난히 눈에 띄는 글이었다. ─ 심사 위원 조연정

그렇다. 나는 최종 2인까지 머물렀으나 결국 선택되지 않은 1인이다. 이후 그해의 창비, 다음 해의 또 창비, 문학동네 신인상에서도 역시 최종심에서 고배를 마셔야 했다. 그런데 이 첫 낙방 때가 유독 힘들었다. 그만큼 공을 들였기 때문이기도 하지만 문 앞에서 그 문턱을 넘지 못했다는 생각 때문이다. 나는 얼른 털고 일어나지 못했다. 몇 날 며칠을 폐인처럼 지냈던 기억이 난다. 나는 실컷 패배감 속에서

못난 마음을 부여잡고 허우적댔다. 제법 그렇게 시간을 보낸 후에 나는 자리를 털고 일어나서 오래 걸었다. 그런 뒤에 샤워를 하고 책상 앞에 앉았다. 그러니까 나는 총 네 번을 응모하고 네 번의 최종심에 올랐던 것이다. 네 번 떨어졌다는 말이다. 그러느라 작품이 모였다. 사실 이전에 쓴 습작이 한 편밖에 없었다. 연이어 내는 작품마다 최종심에서 떨어지니 최종심이 나의 또 다른 스승이었던 셈이다. 최종심이 자꾸 날 유혹한 거다. 너는 이미 길 위에 있다고, 문 앞까지 왔다고 조금 더 혼자 걸어와야 된다고. 칠흑의 어둠 속에서 굴을 파는 사람을 그린 두 컷짜리 그림을 본 적이 있다. 그의 코 앞에는 보석산이 있지만 그는 그 사실을 알지 못한다. 조금 더 팔지 지금이라도 뒤 돌아 나가 얼른 다른 굴을 팔지는 순전히 그의 선택에 달린 것이다.

그러고 보니 최종심의 선을 넘지 못한다는 것은 다름 아닌 나의 문제였다. 나는 이제 나를 넘어서는 일만 남겨 놓은 것이다. 그해 경향신문사 공모 날짜가 가장 빨랐고, 어쩌면 마지막이라는 생각으로 투고했다. 다만 마지막인 만큼 낙방한다는 생각은 들지 않았다.

공모 마감이 일렀고 그렇다면 얼추 이번 주에는 전화가 와야 당선이었다. 어찌 그리 전화가 오지 않던지. 전화를 기다리는 동안 또 매일매일 그런 지옥이 없었다. 기어이 그 주의 마지막 날인 금요일이었다. 정말 이불 밖으로 나올 용기가 없어서 그때까지도 나는 침대에 있었다. 흐린 날씨처럼 심정은 엉망이었다. 이럴 수도 있는 건가, 나는 술이라도 사러 가야겠다고 생각하며 겨우 몸을 일으켰다. 아, 그 참담함이란. 3시 35분을 넘어서고 있었다. 그때 전화가 왔다. 전화기 액정에 〈경향신문사〉가 뜨는 순간부터 온몸이 떨렸는데, 당시 문화부 담당자였던 김지혜 기자의 당선 통보에 나는 그만 바보처럼 울고 말았다. 등단을 생각하며 내가 울 거라고는 생각한 적 없었는데 눈물은 의지와 무관했다. 나는 그렇게 호명되었다.

백가경을 처음 만난 것도 정동길 경향신문사에서였고 시상식 당일이었다. 그의 첫인상은 담백함 정도로 표현할 수 있을 것 같다. 우리는 인터뷰와 사진 촬영을 끝내고 그날은 헤어졌다. 나는 일부러 일 년을 기다렸다 연락했고 그렇게 우리는 동료가 되었다.

등단주를 마시는 자리에서 정은경 선생님은 매우 기뻐하시며, 이렇게 선생의 말을 안 듣는 자세도 때론 필요하다며 환히 웃으셨다(선생님은 이제 그만 도전하고 우선 학위 논문부터 쓰고 또 해보자고 하신 터였다. 그건 무척 현실적이고 현명한 선택임이 틀림없는데, 나는 그 말을 거역한 거다). 내 당선 소식에 그는 전화기 너머 눈물을 흘렸다(내 당선 소식에 정은경 선생님과 나의 영숙, 그리고 엄마가 울었다).

글 쓰는 사람들은 다들 어느 정도 그런 게 있을 텐데, 내게도 그런 집요한 구석이 있다. 나의 그런 면이 어디서 온 걸까 생각할 때면 나는 한 장의 사진이 떠오른다. 바람이 많이 부는 날, 무언가를 이미 걷어 낸 터를 활용하는 것처럼 보이는 뜯긴 비닐이 마구 나부끼는 낮은 비닐하우스 동 앞에 젊은 아빠가 서 있는 사진. 그가 아빠가 되기 전, 남편이 되기도 전, 청년은 김해의 땅에 제주도의 열대 과일을 옮겨 심고 시험 육성을 하고 있었다.*

내가 아는 아빠는 그랬다. 아빠는 할아버지의 땅에 시대에 맞게 작물을 재배하고(김해는 1980년대 고속 도로를 활용한 근교 농업 육성 정책으로 화훼 단지로 조성되었다는 것을 교과서에서 배워 알고 있다), 정부에서 권장하는 작물이

---

* 한반도의 파인애플은 1964년 제주에서 처음으로 시험 재배에 성공하면서 재배를 시작했다. 지금은 기후 변화로 인해 김해에서도 애플망고, 패션프루트 등의 아열대 작물이 재배되고 있다. 파인애플은 현재 중부 지방에서도 재배가 가능하다. 박용근, 「한반도 온난화로 농작물 지도가 바뀐다: (4) 김해·함안 애플망고 쑥쑥, 전남도 〈아열대 작물〉 영글어 간다」, 『경향신문』, 2019년 11월 14일 자.

유지

다량 재배로 변별력이 없는 점을 재빨리 읽고 특수 작물 재배(김해는 화훼가 주력이었으므로 이때 특수 작물은 주로 해외종 꽃들을 말한다. 주로 값비싼 꽃다발, 꽃꽂이용 꽃들은 기르는데 손이 많이 가긴 해도 단가가 높고 적은 수량을 전량 공급할 수 있어 큰 수익을 낼 수 있다)를 협동조합에 제안해 농가 수익을 증대하기 위해 애썼다. 모든 1차 산업이 그렇듯 소비자가 비싸게 사는 것과 재배 농가 수익 사이에는 별 연관이 없어서 중간 유통을 생략하는 실천적 방법을 고민했고, 서울로 올라가 그 집결지인 한국농수산식품유통공사의 aT 센터에서 오래 일했다.

지금의 삼십 대야 응당 젊게 여기는 나이지만, 아빠 세대에서 삼십 대는 이미 제 직업군에서도 고참인, 다른 것을 시도하기 이른 나이는 아니었다. 그럼에도 아빠는 대학 졸업자들과 어깨를 나란히 했고(아빠는 고졸이다) 승진 시험이 있을 때마다 내가 쓰던 소니 워크맨(아빠가 일본 출장 때 사주었다. 친구들은 대체로 삼성 것을 가지고 있었다)을 빌려가 손에서 놓지 않으며 영어 공부를 하던 모습도 기억난다.

내가 문학을 전공하겠다고 했을 때, 엄마는 반대했지만 아빠는 집안에 예술가 하나 나와도 좋은 거라며 기뻐하였는데. 막상 등단하고 아빠에게 그 소식을 전할 수 없어서,

기뻐하는 아빠의 얼굴을 볼 수가 없어서 그게 그렇게 사무쳤다. 작년에 내가 대산 창작 기금 수혜자로 선정되었을 때도 나는 아빠와 그 기쁨을 나누지 못해 무척 속상했다. 내가 슬퍼하면 아빠는 내게 온다. 그날 꿈에서는 크리스마스 무렵이었고 따뜻한 조명과 커피가 있는 카페 안이었는데, 어쩐지 아빠는 내가 앉은 테이블이 아닌 옆 테이블에 앉아서 친구들과 앉아 있는 나를 건너다보며 커피를 마시고 있었다. 내가 좋아하는, 나를 바라보며 빙긋이 웃는 그 얼굴로. 곧 아빠는 먼저 일어났는데, 나에게 고갯짓을 하면서 열쇠고리 하나를 벽면에 걸어 두고 나갔다. 나는 아빠가 걸어 둔 열쇠고리를 곧장 빼내 보았다. 주먹만 한 주머니가 달려있는 열쇠고리였다. 나는 불룩한 주머니를 열었는데, 그 안에 지폐가 그득했다. 나는 아빠가 내게 준 주머니를 보며 꿈에서 이렇게 알아들었다.

〈받을수록 나누어야 한다.〉

아빠는 그랬다. 내가 대학생일 때도 정기적으로 받는 용돈 말고도 자주 엄마 몰래 용돈을 쥐여 주며 혹 밥값 없는 친구가 있으면 네가 대신 내라고 했고, 아빠와 주말을 보내고 기숙사로 돌아갈 때면 친구들 몫의 빵을 사주었는데, 어린 시절 그랬던 것처럼 내가 커다란 빵을 딱 하나 골라 쥐면 아빠가 웃으며 그득 담아 주는 식이었다. 아빠는 인색하지 않을 것을 내게 가르친 것이었다.

요즘 어린이 만화 채널에서는 「빨강머리 앤」을 볼 수 있다. 어렸을 때 그걸 보면서 컸는데, 지금도 여전히 좋아한다. 부모의 죽음으로 고아원을 전전하던 앤은 매튜와 마릴라 남매의 집에서 살게 되는데, 마릴라는 무척 현실주의자라 조금의 과장도 허락되지 않는 성품과 생활 습관을 가진 이다. 그는 앤이 그토록 원하는 볼록 소매 원피스를 옷감이 낭비되고 허영심이 깃든다며 반대하는데, 매튜는 학예회 연습을 한다며 몰려 있는 앤과 친구들의 모습을 문틈으로 보고는 앤의 옷소매가 친구들의 것과는 다르다는 걸 알게 된다. 그는 어렵사리 옷감을 사고(쑥스러움이 많아 아무리 어린아이라 하더라도 여자와는 말조차 못하는 매튜는 여자 점원이 잡화점을 지키고 있던 관계로 괜스레 쇠스랑이며 설탕 따위를 사들고 오기도 한다) 이웃의 린드 부인에게 부탁해 소매가 볼록한 원피스를 지어 앤에게 크리스마스 선물로 내민다. 내 아이가 다른 아이들보다 부족하지 않게 해 주려는 마음, 그것이 허영일지라도 아이가 바라는 것을 쥐여 주고 내 아이를 웃게 하려는 그 마음은 이미 아버지의 것이 아닌가. 언제나 다정한 매튜 아저씨였지만 나는 그 장면에서 매튜가 앤을 온전히 딸로 받아들였음을 확신할 수 있었다.

나는 말이 없는 아이였고 부모와도 떨어져 살았지만, 엄마는 내 입성이 나쁘지 않도록 공을 들였고 선생님의 말씀을 곧이곧대로 듣고 지각이나 결석 한번 없이 수업 시간에도 딴짓 한번 없이 생활했으므로 응당 모범생에 속했기에 아이들로부터 따돌림을 당하거나 하는 일 없이 유년을 지나올 수 있었다. 점심을 먹고 나면 아이들은 모두 운동장으로 나가서 뛰어놀았는데, 나는 별로 놀고 싶지도 않았고 거기 끼워 달라고 서성이는 것도 곤란해서 굳이 나가고 싶지 않았지만, 병을 앓는 것도 아닌데 혼자만 오도카니 교실에 남는다는 것은 너무 수상쩍은 그림이었다. 억지로 아이들을 따라 운동장에 나가면 말 한마디하지 않아도 아이들은 알아서 나를 끼워 줬다(그렇다고 이때 지방 아이들이라고 마냥 호락호락했던 것만은 아니다. 놀이에 끼지 못한 채 멀뚱히 주변에 선 애들도 많았고 따돌림을 당하는 아이도 있었다). 나는 체력도 약하고 또래들보다 키도 덩치도 작아서 놀이에도 열등했기 때문에 늘 〈깍두기〉였다. 지금 생각해 보면 나는 참으로 깍두기에 적합한 캐릭터였다. 깍두기는 양쪽 편에서 다 뛰기 때문에 승부에 어떤 결정적인 영향을 행사하면 안 되는 데다, 거저 끼워 주는 것이었기 때문에 그들의 놀이에 지연을 가져와서도 안 되었다. 그런데 나는 그 두 가지를 완벽히 수행하는 아이였던 것이다. 눈치를 봐서 일찍 죽거나 일부러 탈락하는 것이 아니다. 나는 정말 그 어떤 놀이도 제대로 못했다. 게다가 나는 아주 짧은 정도의 체험이면 충분했다. 애초 그다지 하고 싶은 마음이 크지도 않은데다 열정적으로 놀이를 할 만큼 체력이 좋지도 못했는데, 얼른 내 임무를 끝내고 아이들의 묘기와도 같은 고무줄 놀이나(고무줄이 허리를 지나고 겨드랑이를 넘고 머리 꼭대기에 다다라도 다리를 쫙쫙 벌려 그것을 제 다리 춤으로 당겨 넘나드는 모습은 내 눈에 꼭 묘기처럼 보였다), 살구받기(공기놀이인데 손이 작아서 이것도 되게 못했다)를 구경하는 편이 내겐 훨씬 더 즐거웠다. 놀이 그룹에는 끼면서 힘들게 움직이지 않아도 되는 깍두기라는 포지션이 나는 딱 좋았는데, 그건 마치 또래 친구들이 나를 보호해 주는 느낌까지 주었기 때문에 만족도 최상이었다.

그런데 내 입성은 좋다 못해 아이들과는 좀 달랐다. 초등학교 3, 4학년. 친구들은 만화 영화의 캐릭터가 그려진 벨

크로 운동화를 신는데 나는 스포츠 브랜드의 끈 달린 스니커즈를 신는다든지, 역시 만화가 그려진 색색의 전자시계 대신 나만 바늘이 돌아가는 가죽 시계를 착용하는 식이었다(심지어 그 시계는 학생용도 아니어서 숫자판도 없을뿐더러 그걸 대신하는 눈금도 없이 동서남북 방향에 작고 투명한 보석이 하나씩만 박혀 있을 따름이어서 한참을 들여다보고 시간을 가늠해야 했다. 누가 시간을 물어볼까 봐 얼마나 긴장했는지 모른다. 다들 휴대 전화를 소지하기 전에는 길에서 시간을 묻는 사람들이 얼마나 많았던지). 그 당시의 나는 정말 아이들과 달라 보이고 싶지 않았다. 이목을 집중시킨다는 것이 부담스러웠고 남자아이들이 쿡쿡 찔러 보고 머리카락을 당기고 치마를 들추는 것이 피곤하다 못해 괴로웠다. 엄마가 내 말을 들어줄 리 없을 거였으므로 나는 엄마에게 부탁하지 않았다. 그냥 엄마가 입고 신으라는 대로 하고 다니면서 아이들의 평범한 차림새들을 부러워하기만 했다. 그런데 그 마음을 어떻게 알았을까. 아빠는 주말에 김해에 올 때 만화 시계를 사왔다(이 문장을 쓰고 정말 아빠가 그걸 어떻게 알았을까 곰곰 생각해 보니, 엄마는 막냇동생에게 그런 걸 사줬다! 내가 옆에서 홀린 눈으로 침을 흘려 대는 걸 아빠가 보아서 알아차린 것 같다). 무려 내 것이었다! 엄마 만날 때는 하지 말고~ 당부하면서 아빠는 또 사람 좋게 웃었다(나는 결국 금지와 비밀의 무게를 감당하지 못하고 줄곧 그 시계를 책상 서랍에 넣어 두고는 열어서 보고 열어서 보고 그러기만 했어도, 그래도 좋았다).

종종 아이의 눈에 가치 있어 보이는 것은 비싸고 고급진 것과는 거리가 멀다. 그러나 그걸 알아주는 어른이 있다면 아이는 그 어른을 믿는다. 그가 나를 들여다봄을 알게 되기 때문이다.

아빠의 피와 뼈로 내가 만들어지고 아빠의 가르침은 아직도 내게 온다. 아빠가 올 수 없을 때도 아빠는 지금 가능한 형태로 내게 무엇을 알려 주려고 온다. 잠깐을 함께 있어 주려고 먼 데서 온다, 6일을 근무하고 서울에서 김해까지 나를 만나러 반드시 왔던 것처럼. 내가 종종 잊는 것들을 가르쳐 주러 그렇게 아빠가 온다. 자주 소심하고 가끔 대범한 나를, 내내 울면서도 끝내 우직한 나를 알아준 나의 유일한 사람.

정동길에서 아빠를 떠올리며 내가 조금 더 저 파인애플을 옮겨 심던 아빠의 날랜 눈, 먼 데를 볼 줄 알고 깊이 볼 줄 알면서도 한없이 다정한 그 눈을 가질 수 있기를 바란다. 저 낙방의 심사 평도 결국 내게 아빠의 눈을 가지라는 말을 하고 있던 것이다. 평생 쓰는 사람이 되어도 좋다는 다정한 음성이 있었고, 이제 나는 계속 쓰면 된다. 아빠의 눈을 닮으려 애쓰면서. 그렇게 내게 아빠가 있다.

나가며
가경에게 연결됨으로써

가경아, 이 글을 쓰고 나니 나는 한 삼백 살을 한꺼번에 먹어 버린 것 같다. 첫날밤 신부의 정숙함을 의심해 달아나 버린 신랑이 세월이 흘러 호호 늙어 근처에 무슨 일로 온 김에 신방을 찾아가 보니 신부가 그 자리에서 꼼짝도 없이 앉아 기다리더라는 『질마재 신화』의 한 토막에서, 안타까운 마음에 신부의 어깨에 손을 올렸을 때 그제야 신부가 세월을 한꺼번에 먹으며 재로 폭삭 내려앉아 버렸다는 그 서사에서, 그제야 제 할 일을 했다는 듯 폭삭 내려앉아 버린 신부의 마음은 어떤 것이었을까 생각해 본다. 주체적 선택도 아닌 데다 신부에게 너무도 혹독한 시간의 견딤, 그리고 그 속에 똬리 튼 정절에의 강요가 있었겠지만 그런 걸 차치하고

라도 신부에게 그 견딤은 제 소명의 다른 말이었을 것이다. 고백하자면, 무슨 글을 이렇게까지 망설이며 주저하다 쓴 적은 (사실 다소 그런 편이지만) 이 에세이가 단연 으뜸이었다. 글 꾸러미를 묶고 나니 어떤 시간은 재가 되기도 하는 것 같고, 또 어떤 존재는 뭉근히 더욱 단단해지는 것처럼 느껴진다.

나는 늘 발밑의 시간과 사람들에게 빚을 진 마음으로 사는 것 같은데 그래서 나의 지금도 허투루 보낼 수가 없다고 여긴다. 그런 내 마음이 네가 가진 공간에 대한 감각과 잘 손을 잡는 모습이 보인다. 이 책은 그런 모양새를 하며 세상에 나올 것 같다.

몇 주째, 노트북과 토토를 챙겨서 카페로 동생네 집으로 이동하느라 고단하기 짝이 없다. 내가 사는 빌라의 주인 할아버지가 돌아가시고 할아버지가 살던 집과 함께 건물을 대대적으로 단장하고 있기 때문인데, 소음 때문에 머무를 수가 없어서 낮에는 피신하러 다니는 거지.

1층 층계참에는 할아버지의 낡은 자전거가 아직도 놓여 있는데, 나는 그게 참 마음이 축축해지더라. 그저 하루에 한 번 마주치면 인사나 하는 사이였을 뿐인데 그의 죽음에 내 마음이 울렁이는 것도 낯설게 생각되지만, 그의 죽음이 나의 일상을 이렇게 변형시킬 수 있다는 것이 수상쩍다. 그러고 보니 매일 한 번씩이지만 할아버지를 본 것도 9년째였음을 문득 세어 보는 것이다. 하이데거는 존재의 삶이 타인의 죽음을 인수함으로써 이룩되는 것이라지만 나는 그것이 어느 정도는 선택적인 것일 줄 알았다. 그러니까 혈연이나 친구의 죽음처럼 이미 깊은 연결감을 담보하는 사이 말이다. 그런데 이렇게나 타인과의 연결이 어디에나 있는 것이라니 나는 동네를 빙빙 돌며 체감하는 중이다. 그러다가 어느 날은 또 네가 너의 집을 사용하라고 했을 때, 나는 그 말만으로 충분했다. 그리고 할아버지의 죽음이 나를 거쳐 너에게로 연결되는 방식을 느꼈다.

함께 이 책을 묶고 나니, 우리가 이제야 비로소 시작되는 관계라고도 여겨진다. 우리 시원한 맥주를 마시러 가자, 가경아. 우리와 연결된 것들의 손을 잡고.

유지에게

유지야, 우리가 처음으로 얼굴을 마주하고 긴 얘기를 하던 때가 생각난다. 2023년 경복궁 근처 횟집이었지 아마. 소맥을 적절한 비율로 말아 주고 빨려 들어갈 듯 강렬한 기세로 이야기를 이어 가던 네 모습에 나는 각별한 매력을 느꼈다. 우리가 나이 차이가 좀 나지만, 결국 함께 글 쓰는 동료로 있고 싶다며 평어를 쓰자고 선뜻 제안한 너의 실험, 제법 멋있었어. 지금껏 나는 유지를 〈너〉라 부르면서 그 안에 언니, 선생님, 평론가, 선배 등등 여러 가지 너를 한정 짓는 명칭으로부터 멀어졌어. 하지만 너와 시간을 보내고 이야기를 나누고 (술을 마시며) 자연스럽게 그 명칭들이 내 속에 들어와 앉아 있었지. 존칭이 쉽게 관계를 정의해 주지만, 때로 존칭 없이도 관계는 자연스럽게 만들어진다는 걸 몸소 깨달았어. 어른이 된 후에 친구가 되는 법을 네게 제대로 배웠다는 생각이 든다.

이 책 한 권을 함께 쓰고 맺기까지 여러 가지 일이 참 많았지. 우리가 겪었던 슬픔보다 더 슬픈 곳, 우리가 아팠던 것보다 훨씬 아픈 곳을 함께 다니며 네 앞에서 자주 무너지는 모습을 보였다. 글이 아니었다면, 이 책이 아니었다면 우리는 그렇게 빠르게 서로의 연약한 부분을 그리도 많이 보여 줄 수 있었을까? 나는 그 장소들로부터 얼마나 큰 빚을 졌을까? 역사학자도, 연구자도 아니지만 백치의 상태로 그곳들을 너와 걸어 다니며 내게서 땀처럼 나온 문장들이, 어느 순간 피처럼 스며들고 있었어. 그래서 우리는 서로 말하지 않았지만, 이 작업을 계속 이어 나가야겠다고 생각했던 것 같다.

처음으로 네가 쓴 글들을 본 날, 가장 먼저 든 생각은 초등학생의 유지에게 편지를 쓰고 싶었다는 거야. 〈유지야, 너는 충분히 잘 해내고 있다. 유지야, 너는 정말 멋있는 어린이구나. 정말 대단해, 장하다. 너는 결국 멋진 문학평론가가 될 거야〉 그런 말들을 충분히 흘러넘치도록 전해 주고 싶었다. 그리고 그날 밤 꿈을 꾸었지. 이 꿈은 네게도 말해

줬던 것 같은데, 너무나 거대해서 무시무시한 공간에 우리는 기괴한 기계를 함께 탔어. 최신식 영화관이라고 하는 곳이었는데, 각 세트장 사이를 롤러코스터처럼 생긴 것을 타고 관광해야만 했던 거야. 용처럼 생긴 그것에 나란히 앉아서 나는 일사불란한 움직임에 요동치며 거의 떨어질 뻔했어. 정말로 무서웠다. 그런데 너는 몹시 침착한 태도로 내게 안전벨트를 가리키며 〈단단히 매!〉 하고 얘기했다. 나는 〈찰칵!〉 경쾌한 소리를 내는 안전벨트를 매고 두 손을 번쩍 든 채 그 신비한 영화를 만끽했어. 그 요소들을 아주 자세히 보았지. 완전히 공포스럽기만 한 세트장에서 어느 순간 나는 〈꽤 잘 설계된 건축 작품 같군〉 하는 감상을 내놓고 있었지. 그 꿈이 잊히지 않아.

문학은 가장 낮은 곳에 있어야 한다고 생각해. 아름다운 거리에서 그보다 찬란히 빛나는 하이볼에 관한 이야기보다 얼어붙은 겨울, 용산 쪽방촌에서 일어난 이야기에 마음이 더 기울어. 나 역시 그런 글을 쓰기 위해서 양지보다 음지로, 멋진 곳보다 외로운 곳으로 가야 하는데 이 작업이 언제나 혼자 해야 한다고만 생각했어. 가까운 사람들은 이미 너무 힘들고, 그런 곳에 같이 가주기에는 지쳐 있거든. 하지만 너는 꿈에서처럼 내게 안전벨트를 단단히 매라 하고 용감하게 함께 가주지. 의정부 뺏벌의 한 폐허 앞에서 쥐 오줌 냄새와 썩은 음식물 냄새가 진동하는데도 그곳으로 성큼성큼 걸어가던 너의 모습이 내게 용감함에 대해 말해 줬어.

너에게 이 책을 같이 쓰자고, 우리가 항상 얘기하던 그 주제로 쓰자고 얘기했을 때 선뜻 그러자 해주어 고마워. 함께 해주어 고마워.

관내 여행자-되기

발행일 **2025년 8월 20일 초판 1쇄**

지은이 **백가경, 황유지**
발행인 **홍예빈**
발행처 **주식회사 열린책들**

경기도 파주시 문발로 253 파주출판도시
전화 **031-955-4000** 팩스 **031-955-4004**
홈페이지 **www.openbooks.co.kr** 이메일 **literature@openbooks.co.kr**

Copyright (C) 백가경, 황유지, 2025, *Printed in Korea.*
ISBN 978-89-329-2531-8 04810
ISBN 978-89-329-2494-6 (세트)